作文力ドリル

作文の基本編　小学低学年用

小論文・作文専門指導
白藍塾塾長
樋口裕一

Gakken

おうちの方へ

すべての学力の基礎としての『作文力』

国語力こそがすべての科目の基礎です。

国語力とは、言葉を使って、物事を筋道立てて考え、他人の考えを会話や文章を通して理解し、自分の考えを人に伝える力です。国語力がなければ物事をしっかりと考えることができません。会話や文章を十分に理解できません。自分の考えを人に伝えることができません。これでは、他の科目の内容だって理解できるはずがありません。

ですから、国語が苦手ですと、はじめのうちは社会科や理科、それに算数の計算の得意なお子さんでも、中学・高校と進むうちに伸び悩んできます。特に深刻なのは英語です。国語力がないと、英語の単語は暗記できても、意味を読み取れません。長文問題になると、全体の内容を理解できなくなってしまいます。現在の大学入試制度では、英語が最も重視されますので、英語ができないとどこの大学にも合格できないことになってしまいます。それほど、英語力が、そしてその基礎となる国語力が、必要とされているのです。

どうすれば国語力を養うことができるのでしょう。

最も効果的なのは文章を書くこと、つまり「作文力」をきたえることです。

もちろん、読むことも読解力をつけるために重要です。しっかりと本を読むお子さんは国語力や思考力をつけることができます。ですから、ぜひとも多くの子どもたちに本を読んでほしいと思います。ですが、それよりももっと短期的に力をつける手段が、文章を書くことなのです。

文章を書くことによって、ボキャブラリーも増えます。表現も豊かになります。自分の考えをまとめることもできるようになります。

書くことによって国語力は確実に伸びます。

それだけではありません。書くことによって読み取りも正確になるのです。自分で文章を書いてみると、書く人の気持ちがわかります。文章の展開の仕方もわかってきます。ですから、読むときにも内容を理解しやすくなるのです。そのうえ、自分で言葉の表現に気をつけるようになると、他人の文章の表現にも敏感になります。本を読んでいるうちに、「今度は、これを自分でも使ってみよう」という気持ちになって、どんどん表現が豊かになってくるのです。

事実、作文や小論文を学んだ私の教え子たちは、はじめはいやいやながら取り組んでいたとしても、だんだんと文章を書くことを嫌がらなくなります。いえ、不幸にして、嫌がり続け、文章を上手に書けるようにならなかった子でも、国語力は確実に伸びていきます。したがって、国語力を伸ばすのに最も好ましいのは、文章を書く学習なのです。

そこでお薦めするのが、この参考書です。

この参考書は、３部からなっています。第１部はマンガ仕立てのストーリーです。先がどうなるのか楽しみにしながら、読み進めていくと、話の途中で「問題」が出てきます。その「問題」は、普通の国語の問題ではありません。むしろ、クイズのように楽しめる問題です。お子さんはその問題を考えるうち、物語の中に参加していきます。そして、論理性・推理力を養っていきます。問題を通して、お子さんとおうちの方の間で語らいも生まれることと思います。はじめは、お子さんと話をしたり、ヒントをあげたりしてください。そして、お子さんの考えがまとまったところで、どの問題も鉛筆を使ってきちんと書かせてください。そうすることで考えが定着しますし、書く力もつきます。

第２部では、もう少し本格的に作文を学んでもらいます。作文を書く場合の心構え、作文の書き方を、少し系統立てて説明します。そして、ここでは「形」に基づいて書くように指導します。書くことはあってもどう書いてよいかわからない、というお子さんのために、具体的に、どのような構成で書くか、どのようなことをそれぞれの部分に書くかを教えます。そうすることによって、構成力が身につきます。もちろん、第１部だけで十分な力がつくのですが、その力をもっと伸ばし、構成力、文章力を定着させるために問題に取り組んでもらいます。

第３部では、応用力を養います。第２部までで培った力をもっと伸ばし、日常的に力をつけていくために、手紙の書き方、日記の書き方を説明します。

本書が、お子さんの国語力増強に役立ち、同時にお子さんとおうちの方との楽しい語らいにつながることを祈ってやみません。

樋口裕一

この本の

おすすめ活用法

この本は次の3部からなっています。
著者がおすすめする、
効果的な使い方を紹介します。

第1部 ストーリー編 がんばれ！ハナコ

楽しんで読み進めさせてください。
ストーリーの途中に問題がありますので、挑戦させてください。
その問題を解くことで、自然に作文力の基礎である、
論理性・推理力がつくように工夫されています。
もし、お子さんが「わからない」「できない」と悩んでいたら、
ヒントをあげてください。別冊にそのためのアドバイスもあります。

第2部 書き方の基本編 やさしい作文の書き方

本格的に作文を書くための心構え、作文の書き方を紹介します。
作文を書くときのポイントは、楽しんで書くということです。
その他、大切な6つのルールをわかりやすく説明しています。
もちろん、お子さんが取り組みやすいようにイラストなども多く入れ、
小学校低学年でも答えられるように、十分工夫してあります。

第3部 書き方の応用編 もっと長い作文の書き方

作文を上手に書くコツは「ホップ・ステップ・ジャンプ・着地」
という文章の組み立て方を身につけることです。
第1部・第2部で培った力をもっと伸ばします。
最後に、手紙や日記の書き方といった、
日常生活で文章力が必要とされる部分もカバーしてあります。

作文力ドリル
作文の基本編
小学校低学年向け

もくじ

おうちの方へ

ストーリー編

第1部 がんばれ！ハナコ

書き方のきほん編

第2部 やさしい作文《さくぶん》の書《か》き方《かた》

書き方のおうよう編

第3部 もっと長《なが》い作文《さくぶん》の書《か》き方《かた》

※注意　この本で使う漢字は、原則として小学校1～2年生で習う漢字を使用していますが、表現の都合上、一部それより上の学年で習う漢字も使用しています。ただし、別冊の答えは1～2年生の漢字だけを使用しています。

ヒグチ先生《せんせい》から

「この本《ほん》を読《よ》む前《まえ》に」

さあ、作文《さくぶん》の勉強《べんきょう》を始《はじ》めますよ。

なになに？「作文《さくぶん》の勉強《べんきょう》なんてつまらなそう。」ですって？

むりもないですね。これまでの作文《さくぶん》の勉強《べんきょう》はつまらなかったですからね。でも、わたしが作文《さくぶん》をおもしろくしてあげましょう。

まず第《だい》１部《ぶ》は、マンガを見《み》るような楽《らく》な気《き》もちで読《よ》んでほしいのです。勉強《べんきょう》をしているという気《き》もちは、わすれることです。お話《はなし》の中《なか》でジュンやユカやゴウがこまっていたら、どうしたらよいか、いっしょになって考《かんが》えてあげてください。

そして、お話《はなし》のとちゅうに出《で》てくるもんだいに答《こた》えましょう。

そうすれば、ふしぎ、ふしぎ。いつの間《ま》にか、作文《さくぶん》が上手《じょうず》になって、国語《こくご》がとくいになって、テストもできるようになっているはずです。

答《こた》えを思《おも》いつかなかったら、おうちの人《ひと》と話《はな》して、ヒントをもらってもかまいません。おうちの人《ひと》といっしょに考《かんが》えてみてください。そして、第《だい》１部《ぶ》がおわったら、第《だい》２部《ぶ》、第《だい》３部《ぶ》へとすすんでください。きっと、楽《たの》しく作文《さくぶん》の勉強《べんきょう》ができることでしょう。

それでは、じゅんびはいいですか？　さあ、出《しゅっ》ぱつです。

第《だい》1部《ぶ》は，ジュン，ユカ，ゴウの
三人《さんにん》といっしょに考《かんが》えてみよう。
第《だい》2部《ぶ》・第《だい》3部《ぶ》は，わたしが教《おし》えますよ。
お楽《たの》しみに！

第《だい》1部《ぶ》
ストーリー編《へん》

がんばれ！ハナコ

ジュンとユカとゴウはいつもいっしょのなかよし。
三人《さんにん》は犬《いぬ》のハナコがだいすきです。
でも、ハナコにはちょっとヒミツがあるみたい…。

おもなとうじょう人物

ジュン
ちょっと気《き》が弱《よわ》いけれど、しっかり者《もの》の小学《しょうがく》2年生《ねんせい》。

ユカ
思《おも》っていることをはっきり言《い》う、たよりになる小学《しょうがく》2年《ねん》生《せい》。

ゴウ
考《かんが》えるよりもまずやってみる、という性格《せいかく》の元気《げんき》な小学《しょうがく》2年生《ねんせい》。

シーン1

ハナコはどんな犬《いぬ》？

ジュンとユカとゴウの三人《さんにん》は、いつもいっしょに学校《がっこう》に行《い》くとちゅうで、おじいさんと犬《いぬ》に会《あ》います。

読解力《どっかいりょく》をつける問題《もんだい》

おじいさん「うちのハナコは、きみたちがなでてくれるから、とてもうれしそうだよ。」

ユカ「だって、かわいいんだもん。」

おじいさん「でも、ハナコは、もう十《じっ》さいだからね。人間《にんげん》でいうと、もうおばあさんだよ。」

もんだい1

ハナコは、どんな犬《いぬ》ですか？
上《うえ》の話《はなし》と絵《え》から答《こた》えてね。

ゴウ「へえ……。」
ジュン「そうは見《み》えないな。」

考《かんが》えるときのヒント

ハナコがどんな犬《いぬ》かを答《こた》えればいいんだろう。

絵《え》からわかることや、おじいさんが言《い》っていたことを書《か》くのね。

すぐにハナコってわかるような目立《めだ》つことを書《か》けばいいんじゃないかな。

答《こた》えはここに書《か》いてね。

- 大《おお》きさ
- 色《いろ》
- 名前《なまえ》
- 年《ねん》れい
- かっている人《ひと》の名前《なまえ》
- せいかく
- 目立《めだ》つこと

答《こた》えのれいはべっさつ2ページ

シーン2

ジュンは、何《なに》を言《い》ったのかな？

学校《がっこう》からの帰《かえ》り、いつものようにジュンとユカとゴウが歩《ある》いていると、犬《いぬ》がはげしくほえる声《こえ》が聞《き》こえます。

ハナコがほえているんじゃない？
そうみたい
行《い》ってみよう
ワン！ワン！
ハナコどうしたの？

心情《しんじょう》を読《よ》み取《と》る問題《もんだい》

もんだい2

この後《あと》ジュンは、ハナコにむかって何《なに》を言《い》ったのでしょう。ジュンのセリフを考《かんが》えて、答《こた》えてね。

？

考《かん》えるときのヒント

ジュン、ハナコに何《なに》を言《い》ってたんだよ。

ハナコがふしぎなことをしたから、おどろいて言《い》ったのよね。

そうだよ。後《あと》は、自分《じぶん》で考《かん》えてね。

答《こた》えはここに書《か》いてね。

答《こた》えのれいはべっさつ2ページ

シーン3

おじいさんをたすけるにはどうする？

ハナコは、人間《にんげん》の言葉《ことば》が話《はな》せるふしぎな犬《いぬ》です。どうやら、ハナコは、三人《さんにん》にたすけてほしいようです。

論理的《ろんりてき》に考《かんが》える問題《もんだい》

ジュン「ハナコ、人間《にんげん》の言葉《ことば》が話《はな》せるんだね。」

ハナコ「いつもご主人《しゅじん》と話《はな》したいって思《おも》っていたら、少《すこ》し話《はな》せるようになったのよ。それより、ご主人《しゅじん》をたすけてちょうだい！」

ゴウ「どうしたんだよ。」

もんだい3

病気《びょうき》でたおれたおじいさんをたすけるには、どうすればよいでしょうか。絵《え》をよく見《み》て、考《かんが》えてください。

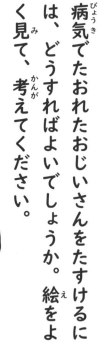

ハナコ「病気《びょうき》で家《いえ》の中《なか》でたおれてい
るの！」
ユカ「まあ、それは、たいへんだわ。」
ジュン「でも、どうやってたすけれ
ばいいんだろう……。」

考《かんが》える
ときの
ヒント

わたしたちが、どうやっておじいさんをたすけようとしたのかを、考《かんが》えてね。

おじいさんがたおれていることを、だれかに知《し》らせなくちゃいけないって思《おも》ったんだよね。

そう！　おじいさんを早《はや》く病院《びょういん》につれて行《い》ってほしかったんだよ。

答《こた》えは
ここに書《か》いてね。

一字《いちじ》あけて書《か》き出《だ》しましょう。

答《こた》えのれいはべっさつ3ページ

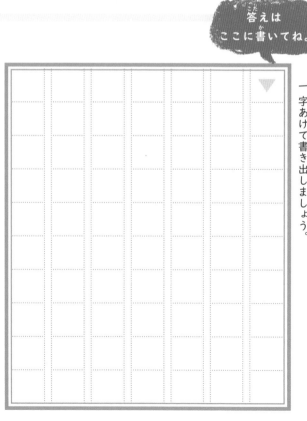

シーン 4

お母《かあ》さんをせっとくしよう！

きゅうきゅう車《しゃ》をよんで、おじいさんを病院《びょういん》にはこんでもらいました。でも、ハナコの世話《せわ》をどうしたらよいでしょう。

説得力《せっとくりょく》をつける問題《もんだい》

ユカ「よかった。おじいさん、たすかりそうだって。」

ゴウ「でも、おじいさんがいない間《あいだ》、ハナコをどうしよう。」

ユカ「うちは、ママが犬《いぬ》ぎらいなの。」

ジュン「じゃあ、うちでたのんでみ

もんだい 4

お母《かあ》さんに、ハナコが言《い》いつけをまもれることをわかってもらおう。もし自分《じぶん》がジュンだったら、お母《かあ》さんにどんなことを言《い》うか、どんなことをしてみせるか考《かんが》えて、答《こた》えてね。

るよ。」

ハナコ「でも、わたしが言葉《ことば》を話《はな》せるって、言《い》わないで。」

ジュン「どうして？」

ハナコ「だって、気味《きみ》がわるいって思《おも》われるでしょ。」

——ジュンの家《いえ》——

ジュン「ねえ、お母《かあ》さん、おじいさんちのハナコを、おじいさんが入院《にゅういん》している間《あいだ》、あずかろうよ。」

お母《かあ》さん「うーん……この犬《いぬ》、言《い》いつけをきちんとまもれるのかしら？」

考《かんが》えるときのヒント

どうすれば、お母《かあ》さんは、ハナコが言《い》いつけをまもれるってわかってくれるかなあ……。

ハナコが言《い》いつけをまもるところを見《み》せればいいんだよね……。

答《こた》えはここに書《か》いてね。

一字《いちじ》あけて書《か》き出《だ》しましょう。

答《こた》えのれいはべっさつ4ページ

シーン5

ハナコは、どんな気《き》もちかな？

ハナコは、ジュンの家《いえ》であずかることになりました。……でも、ハナコは、何《なん》だか、さびしそうにしています。

ジュン「どうしたの。おじいさんがいないから、さびしいの？」

ハナコ「ひとりぼっちだなあって感《かん》じてたの。」

ジュン「家族《かぞく》はいないの？　子《こ》どもとか……。」

ハナコ「子《こ》どもを何《なん》びきかうんだん

読解力《どっかいりょく》をつける問題《もんだい》

もんだい5

ハナコは「おじいさんのお世話《せわ》をするのが、わたしの役目《やくめ》なのよ……。」と言《い》っています。ハナコは、本当《ほんとう》はどう思《おも》っているのかな。ハナコの気《き》もちを考《かんが》えて答《こた》えてね。

だけど、どこかにもらわれていったのよ。子《こ》どもたちとも、ずっと会《あ》ってないわねえ……。」

ジュン「ねえ、ハナコ、その子《こ》どもたちに会《あ》いたいんじゃない？」

ハナコ「……。おじいさんのお世《せ》話《わ》をするのが、わたしの役目《やくめ》なのよ……。」

考《かんが》えるときのヒント

ハナコは、本当《ほんとう》にそれだけでいいと思《おも》っているのかなあ……。

答《こた》えはここに書《か》いてね。

一字《いちじ》あけて書《か》き出《だ》しましょう。

答《こた》えのれいはべっさつ4ページ

シーン6

ハナコの子《こ》どもの家《いえ》は、どこ？

おじいさんが元気《げんき》になってきたので、三人《さんにん》でお見《み》まいに行《い》きました。

読解力《どっかいりょく》をつける問題《もんだい》

もんだい6

ハナコの子《こ》どものいる家《いえ》は、地図《ちず》の中《なか》のどこでしょう。○でかこんでね。

おじいさん「やっと元気《げんき》になってきたよ。きゅうきゅう車《しゃ》をよんでくれてありがとう。」

ユカ「ハナコが知《し》らせてくれたのよ。」

おじいさん「おや、じゃあ、君《きみ》たちは、ハナコと人間《にんげん》の言葉《ことば》で話《はな》したんだね。わたしがたすかったのは、ハナコ

考《かん》えるときのヒント

みどり町《ちょう》のバスのていりゅう所《じょ》から、山《やま》のほうにむかって行《い》くのね。

のおかげなんだな。」

ジュン「そういえば、ハナコの子《こ》どもがいる家《いえ》は、ここから遠《とお》いの？」

おじいさん「一《いっ》けんだけ、バスで行《い》けるところがあるよ。」

ゴウ「どこにあるか、教《おし》えてよ。」

おじいさん「駅《えき》からバスにのって、三《みっ》つ目《め》のみどり町《ちょう》のていりゅう所《じょ》でおりるんだ。山《やま》のほうにむかって歩《ある》いて、二《ふた》つ目《め》のしんごうで右《みぎ》に曲《ま》がって、少《すこ》し行《い》った左《ひだり》がわにあるよ。赤《あか》いやねの家《いえ》で、家《いえ》の横《よこ》に大《おお》きな木《き》があるからすぐにわかるよ。山口《やまぐち》さんっていうんだ。」

答《こた》えは
ここに書《か》いてね。

わりとかんたんに行《い》けそうだね！

答《こた》えはべっさつ5ページ

シーン
7

ハナコはどうしてかなしそうなの？

三人《さんにん》は、ハナコを子《こ》どもに会《あ》わせようと、バスにのって、みどり町《ちょう》までやってきました。

心情《しんじょう》を読《よ》み取《と》る問題《もんだい》

ゴウ「この先《さき》のはずだな。」

ジュン「ねえ、ハナコ、どうしたの。子《こ》どもに会《あ》いたくないの？」

ハナコ「会《あ》いたいけど……、心配《しんぱい》なの。幸《しあわ》せでいてくれるかどうか。」

ユカ「きっと、幸《しあわ》せにしているよ。」

ハナコ「そうだといいけど……。」

もんだい7

ハナコは、自分《じぶん》の子《こ》どものようすを見《み》てかなしそうにしています。どんなふうに思《おも》っているのかな。ハナコの気《き》もちを考《かんが》えて答《こた》えてね。

考《かんが》えるときのヒント

ハナコの子《こ》どもはどんなようすだったかな？

ゴウ「この家《いえ》だ。ほら、あれがきっと子《こ》どもだよ。」

ハナコがどんな気《き》もちでやってきたのかを考《かんが》えると、わかるよね。

答《こた》えはここに書《か》いてね。

一字《いちじ》あけて書《か》き出《だ》しましょう。

答《こた》えのれいはべっさつ6ページ

シーン8

山口《やまぐち》さんは、何《なに》を言《い》っているの？

ゴンタがきびしくしかられているようすを見《み》ていられなくなったゴウが、ゴンタをしかっているおじさんに近《ちか》づきました。

まとめる力《ちから》をつける問題《もんだい》

ゴウ　「おじさん。そんなに犬《いぬ》をいじめないでよ！」

山口《やまぐち》さん　「いじめてなんていないよ。うちのゴンタはやさしい犬《いぬ》だからね、セラピー犬《けん》にしようと思《おも》って、セラピー犬《けん》になるためのトレーニングをしているんだよ。セラピー犬《けん》というのは、病気《びょうき》の人《ひと》をなぐさめる犬《いぬ》のことだよ。病気《びょうき》の人《ひと》は暗《くら》い気《き》もちになって、ひとりぼっちで苦《くる》しむことが多《おお》いよね。そんなときに動物《どうぶつ》となかよしになると、気《き》もちが明《あか》るくなって、病気《びょうき》がよくなることもあるんだよ。セラピー犬《けん》になるためには、いつもしずかにしていなければいけないいんだよ。そばにネコがいても、ほえたり、きゅうに走《はし》ったりしてはいけないいんだ。病人《びょうにん》をなぐさめているときにそんなことをしたら、病気《びょうき》の人《ひと》はびっくりして、もっと病気《びょうき》がわるくなるかもしれないからね。うちのゴンタは、ちょっと何《なに》かあると、すぐにおどろいてほえるくせがあるんだよ。来週《らいしゅう》、セラピー犬《けん》になるためのしけんがあるから、さいごのトレーニングをしていたんだけど、またネコを見《み》つけてほえたので、ついきびしいことを言《い》ってしまったんだよ。……ごめんね、ゴンタ。きびしくしすぎたね。」

ハナコ「この人《ひと》の言《い》っていること、むずかしくて、わたしにはわからないの。なぜ、ゴンタはあんなにしかられてたの？」

ゴウ「おれも、よくわからなかったぞ。だれかせつ明《めい》してよ。」

ユカ「わたしが教《おし》えてあげるね。山《やま》口《ぐち》さんは、ゴンタにセラピー犬《けん》になるための（①）をしていたの。セラピー犬《けん》というのは、病気《びょうき》の人《ひと》を（②）犬《いぬ》なので、セラピー犬《けん》になるためには、いつも（③）いけないのに、ゴンタがネコを見《み》て、（④）でしょ。だから、山口《やまぐち》さんはゴンタをしかってたの。」

ゴウ「あ、そういうことか。」

もんだい8

上《うえ》の文章《ぶんしょう》で、ユカはゴウに山口《やまぐち》さんの話《はなし》をわかりやすくせつ明《めい》しています。ユカがどんなことを言《い》ったのか、（　）の中《なか》をうめましょう。

考《かんが》えるときのヒント

そうか！ 文中《ぶんちゅう》の（　）の中《なか》をうめようと思《おも》うと、カンタンにできるよな！

答《こた》えはここに書《か》いてね。

①

②

③

④

答《こた》えのれいはべっさつ6ページ

シーン
9

おじいさんに、せつ明《めい》しよう！

ゴンタは、すぐにハナコがだれだかわかったようです。ハナコとゴンタは、なつかしそうに、よりそっています。

まとめる力《ちから》をつける問題《もんだい》

ジュン「ハナコは、そちらのゴンタのお母《かあ》さんなんです。」
山口《やまぐち》さん「おや、田中《たなか》さんのところの犬《いぬ》なのかい。」
ジュン「ハナコが、子《こ》どもに会《あ》いたそうにしていたので、つれてきたんです。」
山口《やまぐち》さん「そうだったのか。じゃあ、ちょうどいい。来週《らいしゅう》のセラピー犬《けん》のしけんでは、ゴンタも、母親《ははおや》がいると心強《こころづよ》いだろう。みんなで、おうえんに来《き》てくれないかい？」

よかったわ。ゴンタも、セラピー犬《けん》になって、病気《びょうき》の人《ひと》の役《やく》に立《た》ちたいんですって。
でも、おどろくようなことがあったから、つい、ほえちゃったのよ……。

そして、病院《びょういん》にもどって……。

おじいさん、山口《やまぐち》さんの家《いえ》に行《い》ってきたよ！

もんだい9

ユカが山口《やまぐち》さんの家《いえ》で起《お》こったことを、おじいさんにせつ明《めい》しようとしています。①〜④のユカのせりふの（　　）に入《はい》る言《こと》葉《ば》を答《こた》えてね。

① 「家《いえ》についたとき、ゴンタは庭《にわ》で（　　）。」

② 「それを見《み》て、ゴウくんが山口《やまぐち》さんに（　　）と言《い》ったの。」

③ 「すると、山口《やまぐち》さんがゴウくんに、ゴンタを庭《にわ》で、（　　）とせつ明《めい》したのよ。」

④ 「さいごに、山口《やまぐち》さんがみんなに（　　）とたのんだんだよ。」

山口《やまぐち》さんの家《いえ》は、すぐわかったかい？
それで、山口《やまぐち》さんの家《いえ》で、どんなことがあったのかい？
えーと…。家《いえ》についたとき、ゴンタは庭《にわ》で……。

考《かんが》えるときのヒント

庭《にわ》で見《み》たことや、それを見《み》て思《おも》ったことを答《こた》えてね。

（　）に入《はい》るように答《こた》えていけば、むずかしくないよね。

答《こた》えはここに書《か》いてね。

①

②

③

④

答《こた》えのれいはべっさつ7ページ

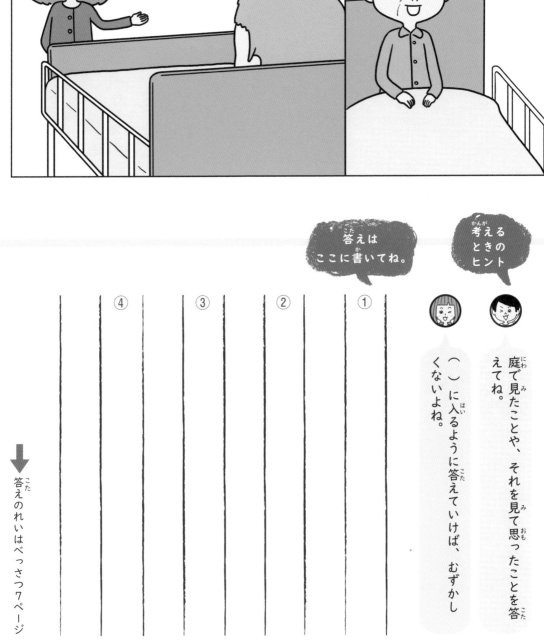

シーン
10

ゴンタはしけんに合《ご》かくできた？

セラピー犬《けん》になるためのしけんの日《ひ》。三《さん》人《にん》とハナコ、そしてたい院《いん》したおじいさんも、車《くるま》いすでおうえんしています。

物語《ものがたり》を理解《りかい》する問題《もんだい》

三人《さんにん》「ゴンタ、しっかり！」

おじいさん「あー、そんなことではえちゃダメ！」

ハナコ「ワンワンワン（ゴンタ、おちついて、いつもどおりにするのよ）。」

三人《さんにん》「あー、今度《こんど》は、びっくりして、走《はし》っていっちゃった！」

もんだい10

あなたは、ゴンタがしけんに合《ごう》かくしたと思《おも》いますか、それとも、おちたと思《おも》いますか。それは、なぜ？「合《ごう》かくした」と「おちた」のどちらかに○をつけて、その理由《りゆう》を、「なぜなら、（　　）から。」の形《かたち》で答《こた》えてね。

考《かんが》えるときのヒント

しけん場《じょう》でのゴンタのようすはどうだったのかな。

みんなが話《はな》していることからすぐわかるな。

みんなの顔《かお》のようすもヒントになるね。

答《こた》えはここに書《か》いてね。

ゴンタは、しけんに（　　）合《ごう》かくした。（　　）おちた。

その理由《りゆう》

なぜなら、

から。

答《こた》えのれいはべっさつ7ページ

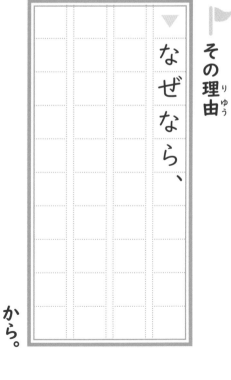

シーン 11

きみは、さんせい？それともはんたい？

ゴンタのセラピー犬《けん》のしけんのせいせきがはっぴょうされ、山口《やまぐち》さんはおじいさんに、ある提案《ていあん》をしました。

意見《いけん》をのべる問題《もんだい》

おじいさん「ざんねんだったねえ。あんなところでほえたら、病人《びょうにん》はおどろいちゃうからねえ。」

山口《やまぐち》さん「しかたがありませんねえ。わたしの教《おし》え方《かた》もわるかったかもしれません。……そうだ。田中《たなか》さん、しばらく車《くるま》いすの生活《せいかつ》がつづくようでした

もんだい 11

きみは、山口《やまぐち》さんの言《い》ったことにさんせいかな。それとも、はんたいかな。どちらかに○をつけて、その理由《りゆう》を書《か》きましょう。

考《かんが》えるときのヒント

山口《やまぐち》さんは、ゴンタがおじいさんのところにいたら、よいトレーニングになるって言《い》ってるんだね。

この考《かんが》えにも、よいこととわるいことがありそうだなあ。

ら、田中《たなか》さんのところでゴンタをあずかってもらませんか。たすけが必要《ひつよう》な人《ひと》といっしょにいたら、よいトレーニングになりそうですから。」

よいところだけじゃなくて、わるいところも考《かんが》えると、どちらかはっきりするよね。

答《こた》えは
ここに書《か》いてね。

（　）さんせい
（　）はんたい

一字《いちじ》あけて書《か》き出《だ》しましょう。

答《こた》えのれいはべっさつ8ページ

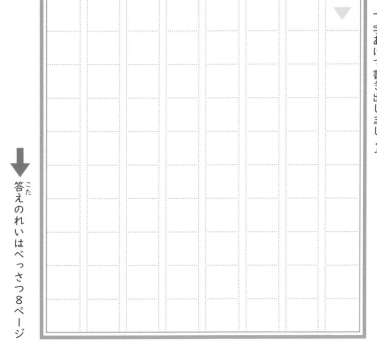

シーン12

ハナコとゴンタはどうなった？

山口《やまぐち》さんは、ゴンタのトレーニングのことを考《かんが》えて、ゴンタをおじいさんのところにあずけることにしました。

まとめる力《ちから》をつける問題《もんだい》

もんだい12

あなたは、この物語《ものがたり》を読《よ》んで、どう思《おも》いましたか。感想《かんそう》を百字《ひゃくじ》ぐらいをめざしてまとめてね。

考《かんが》えるときのヒント

このお話《はなし》、おもしろかった？　いちばん、おもしろかったのはどこかな？

なぜ、そこをおもしろいと思《おも》ったのかを書《か》くといいよね。

ジュン「え、ゴンタがおじいさんの家《いえ》に来《く》ることになったの？」

山口《やまぐち》さん「そのほうが、セラピー犬《けん》になるための、本当《ほんとう》のトレーニングができますからね。田中《たなか》さんが元気《げんき》になるまで、どうかおねがいしますよ。」

おじいさん「そうすると、ハナコとゴンタは、いっしょにくらせるしね。」

ハナコ「ワンワンワン（うれしいわ。ゴンタもよろこんでいるわよ。）」

山口《やまぐち》さん「ハナコは、まるでわたしたちの会話《かいわ》がわかっているみたいによろこんでいるね。」

ジュン「そうですね。」

ユカ「本当《ほんとう》にうれしそう。」

ゴウ「よかったね。」

これでこの物語《ものがたり》はおわりです。

答《こた》えはここに書《か》いてね。

一字《いちじ》あけて書《か》き出《だ》しましょう。

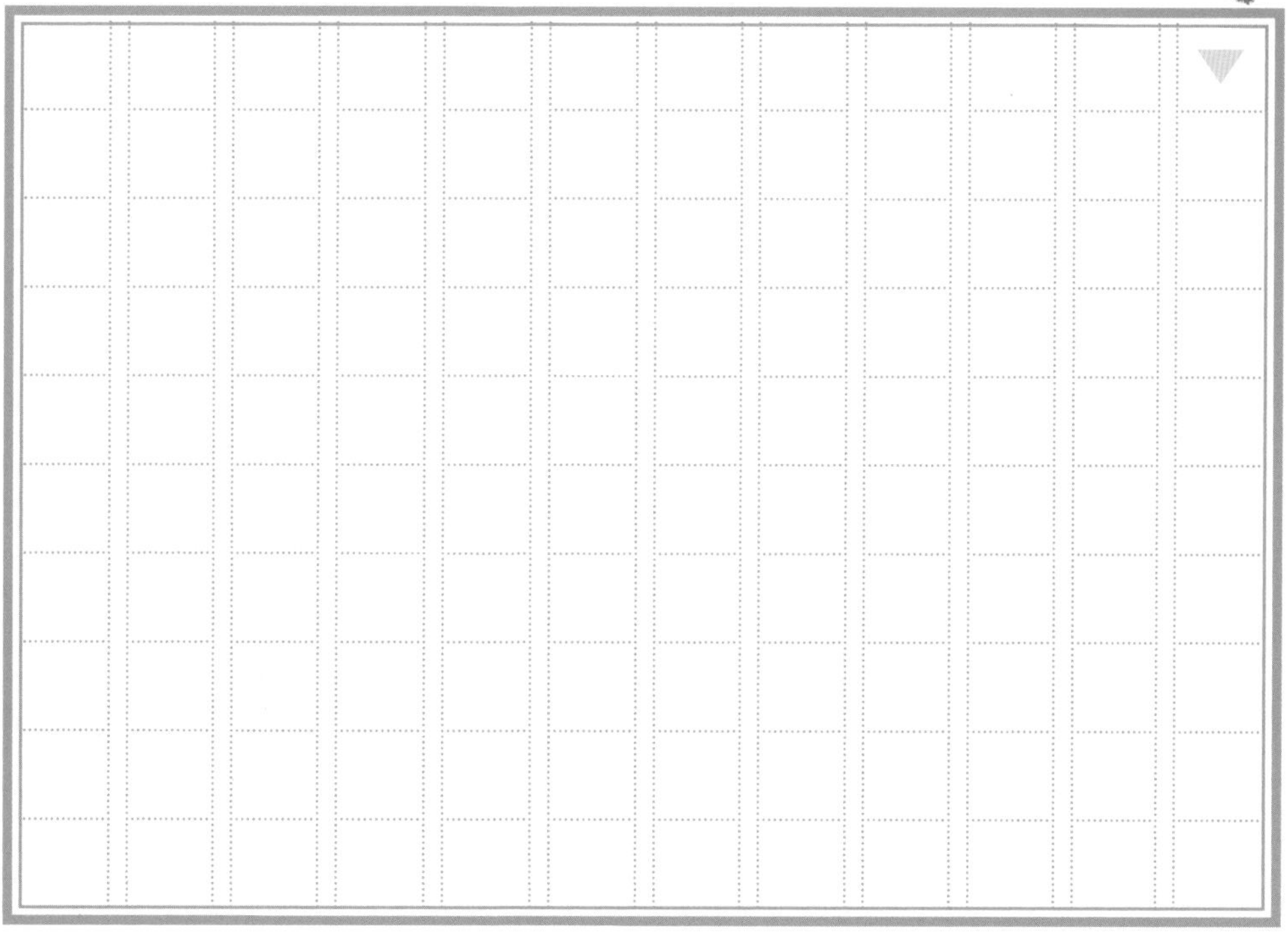

答《こた》えのれいはべっさつ8ページ

原《げん》こう用紙《ようし》の書《か》き方《かた》のきほん

会話文《かいわぶん》は、行《ぎょう》をかえて、いちばん上《うえ》から書《か》きはじめる。

文章《ぶんしょう》の書《か》き出《だ》しは、一《ひと》ますあける。

だんらくをかえたときも、一《ひと》ますあける。

句読点《くとうてん》やカッコも一《ひと》ますつかう。

会話文《かいわぶん》のおわりには、。と」を一《ひと》ますに入《い》れる。

句読点《くとうてん》は、行《ぎょう》のさいごの文字《もじ》と同《おな》じますに書《か》く。

　わたしが学校から帰ると、お母さんがうれ
しそうな顔で、
「ゆうこお姉ちゃんの家で、赤ちゃんが生ま
れたんですって」。
と言いました。わたしはびっくりしました。
赤ちゃんが生まれることは知っていましたが、
まだ生まれるとは聞いていなかったからです。
「これから病院に会いに行くから、いっしょ
に行こうよ」。
　お兄ちゃんはまだ帰ってきていないので、

句読点《くとうてん》やとじカッコを、つぎの行《ぎょう》のはじめにつけてはいけません。
（行《ぎょう》のさいごのます目《め》の外《そと》につけてもかまいません。）

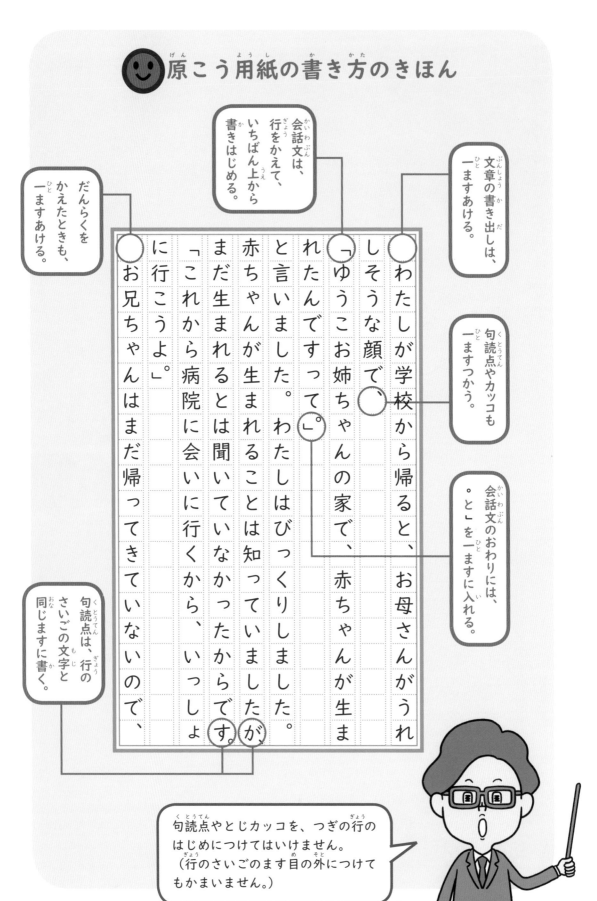

第《だい》2部《ぶ》

書《か》き方《かた》のきほん編《へん》

やさしい作文《さくぶん》の書《か》き方《かた》

作文《さくぶん》の書《か》き方《かた》を、一《いち》からせつ明《めい》します。
作文《さくぶん》でもっとも大切《たいせつ》なのは、楽《たの》しんで書《か》くことです。
楽《たの》しいもんだいで、れんしゅうしましょう！

1 作文《さくぶん》を書《か》くときの心《こころ》がまえ

ジュン　あーあ、作文《さくぶん》かあ、いやだなあ。

先生《せんせい》　おや、ジュンくん、作文《さくぶん》がきらいですか。

ジュン　作文《さくぶん》をすきな人《ひと》なんて、いないんじゃないですか。

先生　そんなことないですよ。作文《さくぶん》を書《か》くのは楽《たの》しいですよ。

ジュン　えー？　だって、**何《なに》を書《か》いていいかわからない**し、書《か》くこともないし。

先生　楽《たの》しいことを書《か》くのが作文《さくぶん》だと思《おも》えばいいんですよ。ジュンくんは、楽《たの》しいことがあったときに、だれかに話《はなし》をしたくなったことがあるでしょう？　そのような楽《たの》しいことを作文《さくぶん》に書《か》けばいいんです。読《よ》む人《ひと》がおもしろいと思《おも》って楽《たの》しめるようにくふうすると、もっといいですね。作文《さくぶん》を「たいくつなことをいやいや書《か》くものだ」とは思《おも》わないでください。**「楽《たの》しいことを書《か》く」のが作文《さくぶん》**です。

楽《たの》しいことを書《か》いていると、知《し》らず知《し》らずのうちに国語力《こくごりょく》もついてきます。作文《さくぶん》を書《か》くときに、いちばん大事《だいじ》な心《こころ》がまえは、楽《たの》しんで書《か》くということです。ですから、これからは、作文《さくぶん》を楽《たの》しんで書《か》くように心《こころ》がけてください。

2 作《さく》文《ぶん》を書《か》くときに気《き》をつけること

先生　作文《さくぶん》は、どのように書《か》いてもよいわけではありません。作文《さくぶん》にもルールがあります。まず、それをおぼえてしまいましょう。

ジュン　どんなルールがあるんですか？

先生　おぼえてほしい作文《さくぶん》のルールは、つぎの六《むっ》つです。

ルール１　正《ただ》しく書《か》こう
ルール２　人《ひと》の言《い》ったことには、「　」をつけよう
ルール３　くわしく書《か》こう
ルール４　一《ひと》つの文《ぶん》を長《なが》くしない
ルール５　「です・ます」と「だ・した」をごちゃまぜにしない
ルール６　長《なが》い文章《ぶんしょう》のときは、だんらく分《わ》けをする

ジュン　うーん、できるかな？

先生　つぎのページから、ルールごとに、れんしゅうしてみましょう。

ルール1

正《ただ》しく書《か》こう

作文《さくぶん》を書《か》くときは、学校《がっこう》でならったとおりの正《ただ》しい書《か》き方《かた》をしましょう。

き~~よ~~う~~わ~~、ど~~ー~~ぶつえん~~え~~行《い》~~つ~~て。×ライオン~~お~~見《み》ました×

小《ちい》さい「っ」や「ょ」のつかい方《かた》、「え↓へ」「お↓を」「わ↓は」の書《か》き方《かた》、長《なが》くのばす音《おん》のある言葉《ことば》の書《か》き方《かた》をまちがえないようにしましょう。
「点《てん》（、）」はいみの切《き》れ目《め》になる言葉《ことば》の右下《みぎした》につけます。
「丸《まる》（。）」は文《ぶん》のおわりの右下《みぎした》につけます。

きょうは、どうぶつえんへ行《い》って、○ライオンを見《み》ました。○

正《ただ》しく書《か》くと読《よ》みやすくなって、きちんとつたわりますね。

もんだい❶　つぎの文《ぶん》を学校《がっこう》でならったとおりの正《ただ》しい書《か》き方《かた》にしましょう。

①自《じ》てん車《しゃ》にのつて、野《や》きゆう場《じょう》に行《い》きました。

②ぼくわ、電車《でんしゃ》お見《み》るのがすきです。

③学校《がっこう》で。さつかあをしました、

④わたしの家《いえ》にわ、ペツトのカメがいます。

⑤雲《くも》のむこうえ行《い》つたら何《なに》が見《み》えるのでしょうか。

答《こた》えのれいはべっさつ10ページ

ルール2

人《ひと》の言《い》ったことには、「」をつけよう

人《ひと》が言《い》ったことには、「　」をつけるのがルールです。

パパが、今《こん》どの火曜日《かようび》、休《やす》めるようになったんだ。ゆう園地《えんち》につれていってやろうかと言《い》いました。

と書《か》くと、「パパ」が何《なん》と言《い》ったのかが、よくわかりません。ですから、

パパが、「今《こん》どの火曜日《かようび》、休《やす》めるようになったんだ。ゆう園地《えんち》につれていってやろうか。」と言《い》いました。

とするのです。

「　」の中《なか》で「　」を
つかうときには
『　』（二重《にじゅう》カギカッコ）
をつかうよ。

もんだい❷ つぎの文《ぶん》に「　」をつけて、わかりやすく、書《か》き直《なお》しましょう。

①ともちゃんが、いっしょにあそぼうと言《い》いました。

②そんなことしちゃだめよとママにしかられた。

③店《てん》いんさんに、何《なに》にいたしましょうかと聞《き》かれました。

④どうしたのとたずねたら、友《とも》だちは、何《なん》でもないよと答《こた》えました。

⑤ポスターには、クリスマスコンサートがひらかれますと書《か》かれていた。

答《こた》えのれいはべっさつ10ページ

会話文《かいわぶん》には、
「　」(カギカッコ)を
つけるんだね。

ルール3

くわしく書《か》こう

みなさんの書《か》く作文《さくぶん》で多《おお》いのが、

ピクニックに行《い》きました。楽《たの》しかったです。

と、気《き》もちだけを書《か》いたものです。

でも、それでは、どんなところが、どんなふうに楽《たの》しかったのか、読《よ》んでいる人《ひと》にはつたわりません。読《よ》んでいる人《ひと》が、ようすを思《おも》いうかべることができるように、くわしく書《か》いてください。

ピクニックに行《い》きました。川《かわ》の近《ちか》くでおべんとうを食《た》べました。魚《さかな》をやきました。少《すこ》し黒《くろ》こげになったけど、みんなで食《た》べました。楽《たの》しかったです。

くわしいほうが
イメージが
思《おも》いうかぶね！

もんだい❸

読《よ》む人《ひと》が、ようすを思《おも》いうかべることができるように、くわしく書《か》いてください。場面《ばめん》をそうぞうして書《か》きましょう。

①家《か》ぞくでバーベキューをしました。楽《たの》しかったです。

（どこで、どのようにしましたか。何《なに》がとくに楽《たの》しかったのでしょうか。）

〔　　　　〕

②あ、おばけだと思《おも》いました。でも、それは、かべにうつったかげでした。

（どんなふうに見《み》えたのですか。どんな気《き》もちだったのでしょうか。）

〔　　　　〕

③へやに虫《むし》が入《はい》ってきてこわかったけど、そのうちにかわいくなりました。

（どんな虫《むし》で、なぜこわかったのですか。なぜかわいいと思《おも》いましたか。）

〔　　　　〕

答《こた》えのれいはべっさつ10ページ

ルール4

一《ひと》つの文《ぶん》を長《なが》くしない

一《ひと》つの文《ぶん》が長《なが》くなりすぎると、何《なに》をつたえたいのかが、わかりにくくなります。ですから、一《ひと》つの文《ぶん》はみじかくしましょう。たとえば、

きのう、わたしは学校《がっこう》から帰《かえ》って、公園《こうえん》に行《い》って、みかちゃんとあそんだ後《あと》で、学校《がっこう》に行《い》ってみたら、みんないたので、ドッジボールをしてから家《いえ》に帰《かえ》ったら、くらくなっていたので、お母《かあ》さんにしかられました。

この文《ぶん》では、だらだらして、わかりにくいでしょう。ですから、

きのう、わたしは学校《がっこう》から帰《かえ》って、公園《こうえん》に行《い》きました。みかちゃんとあそんだ後《あと》で、学校《がっこう》に行《い》ってみたら、みんないたので、ドッジボールをしました。家《いえ》に帰《かえ》ったら、くらくなっていたので、お母《かあ》さんにしかられました。

というようにします。

もんだい④ つぎの文《ぶん》を、みじかく区切《くぎ》って読《よ》みやすくしましょう。

①学校《がっこう》からの帰《かえ》り道《みち》、むこうから犬《いぬ》が走《はし》ってきたので、どうしたのかと思《おも》って見《み》ていたら、そのあとを女《おんな》の人《ひと》があわてて走《はし》ってきたので、きっと犬《いぬ》がにげだして、かいぬしがおいかけているのだろうと思《おも》った。

②しんせきの人《ひと》のけっこんしきのとき、おじさんはぼくを見《み》て「大《おお》きくなったね。」と言《い》ってくれたのですが、ぼくの名前《なまえ》をおぼえていないみたいだったので、ぼくはちょっとかなしくなりました。

答《こた》えのれいはべっさつ10ページ

みじかくした文《ぶん》を
つなぐ言葉《ことば》を
くふうしよう。

ルール5

「です・ます」と「だ・した」をごちゃまぜにしない

文《ぶん》のおわりを「です・ます（でした・ました）」か、「だ・した（た・だった）」の、どちらかにきめて、書《か》きます。

きのう、公園《こうえん》でりかちゃんとあそびました。でも、りかちゃんとけんかしてしまったので、わたしは帰《かえ》った。

この文《ぶん》では、二《ふた》つの言《い》い方《かた》がまざっていて、ヘンです。

きのう、公園《こうえん》でりかちゃんとあそびました。でも、りかちゃんとけんかしてしまったので、わたしは帰《かえ》りました。

とすると、すっきりします。

「きのう，公園《こうえん》でりかちゃんとあそんだ。でも，りかちゃんとけんかしてしまったので，わたしは帰《かえ》った。」でもいいんだね。

もんだい⑤ 「です・ます」の文《ぶん》を「だ・した」の文《ぶん》に、「だ・した」の文《ぶん》を「です・ます」の文《ぶん》にしましょう。

①みんなで力《ちから》を合《あ》わせて、つなを引《ひ》きました。

[　　　　　　　　]

②白《しろ》い犬《いぬ》が、ゆっくりと歩《ある》いています。

[　　　　　　　　]

③そこにいるのは、山田《やまだ》さんです。

[　　　　　　　　]

④むかし、学校《がっこう》のかいだんにゆうれいが出《で》たそうだ。

[　　　　　　　　]

⑤サンタクロースが、プレゼントをもって、やってきた。

[　　　　　　　　]

答《こた》えのれいはべっさつ11ページ

ルール6

長《なが》い文章《ぶんしょう》のときは、だんらく分《わ》けをする

二百字《にひゃくじ》をこすような文章《ぶんしょう》を書《か》くときには、だんらく分《わ》けをするほうがよいでしょう。一《ひと》かたまりのことを書《か》きおわったら、その行《ぎょう》はそこでおわりにして、下《した》のぶぶんはあけておきます。つづきは、つぎの行《ぎょう》に、はじめを一《ひと》ますあけて書《か》きます。つぎのようにするわけです。

だんらくのはじめは一《ひと》ますあける

　みんなでドッジボールをしていました。ボールがぼくの頭に当たって、はなから、ちが出ました。えみちゃんが、ぼくをほけん室につれていってくれました。

　つぎの時間がはじまりました。ぼくは気分がよくならないので、ずっとねていました。

さいしょのだんらく

つぎのだんらく

文章《ぶんしょう》は，いくつかの考《かんが》えのまとまりや，せつ明《めい》のまとまりに分《わ》けられます。この一区切《ひとくぎ》りのまとまりを，だんらくといいます。

もんだい⑥

つぎの文章《ぶんしょう》をだんらく分《わ》けして、わかりやすくしましょう。分《わ》けるところに「／（ななめの線《せん》）」を入《い》れてください。

①

学校《がっこう》に行《い》くと中《ちゅう》で、さんちゃんに会《あ》いました。さんちゃんは大《おお》きなにもつをもっていました。何《なん》だろうと思《おも》いながら、ついていきました。教室《きょうしつ》に入《はい》って、さんちゃんはにもつをあけました。すると、そこからサッカーのボールが出《で》てきました。

②

おばけのリリーは、人《ひと》をおどかすのが大《だい》すきです。その日《ひ》も、人《ひと》をおどかそうと思《おも》って、一《ひと》つ目《め》で口《くち》のさけたこわい顔《かお》にして、まがり角《かど》で人《ひと》がやってくるのをまっていました。しばらくして、遠《とお》くから小《ちい》さな女《おんな》の子《こ》が歩《ある》いてきました。手《て》にさいふをもっています。おつかいに行《い》くのでしょう。

答《こた》えのれいはべっさつ11ページ

3 作文《さくぶん》のきほんの書《か》き方《かた》

先生《せんせい》 さあ、それでは、作文《さくぶん》を書《か》くれんしゅうをはじめましょう。

ジュン えー、むずかしそう……。何《なに》からはじめるんですか。

先生 ジュンくんはサッカーか、野《や》きゅうをしたことがありますか。

ジュン はい。よく学校《がっこう》でサッカーをします。

先生 はじめてサッカーをしたとき、何《なに》をしたかおぼえていますか。

ジュン そうだなあ。はじめはパスのれんしゅうだったかなあ。

先生 そうですね。さいしょに、きほんのフォーム（形《かたち》）のれんしゅうをしますね。

サッカーだとパス、野《や》きゅうだとキャッチボールをして、けり方《かた》やなげ方《かた》のきほんの形《かたち》を身《み》につけるのです。そうすると、本番《ほんばん》で力《ちから》が出《だ》せます。

作文《さくぶん》でも、パスやキャッチボールにあたるような**きほんの形《かたち》をれんしゅうして、いつもその形《かたち》で書《か》けるようにする**のです。ですから、はじめのうちはいつも、これから教《おし》えるような「形《かたち》」で書《か》くれんしゅうをしておくといいでしょう。もちろん、じょうずになってからは、すきなように書《か》いてかまいません。ですが、はじめのうちは、「形《かたち》」どおりに書《か》くと、早《はや》く上手《じょうず》になります。

ステップ1

一《ひと》つの文《ぶん》を書《か》いてみよう

まず、一《ひと》つだけの文《ぶん》の形《かたち》をれんしゅうしましょう。つまり、一《ひと》つの文《ぶん》を正《ただ》しく書《か》くれんしゅうです。これが、作文《さくぶん》でいちばん大事《だいじ》です。しっかり勉強《べんきょう》してください。そして、できるだけおもしろいことを考《かんが》えて書《か》いてください。

もんだい⑦ □の中《なか》に入《はい》る字《じ》を書《か》きましょう。

そのとき、わたし①、テレビ②見《み》ていました。

お母《かあ》さん③、会社《かいしゃ》④行《い》くのに、バス⑤つかいます。

① □

② □

③ □

④ □

⑤ □

答《こた》えはべっさつ11ページ

もんだい⑧

つぎの文《ぶん》は、上《うえ》の絵《え》のせつ明《めい》をしています。
絵《え》に合《あ》うように、文中《ぶんちゅう》の（　）をうめましょう。

①

②

①たん生日《じょうび》のパーティー（ア）、ハルちゃんがユカ（イ）プレゼントをわたした。

（ア）□　（イ）□

②家《いえ》の花《か》びん（ア）わってしまった（イ）、知《し》らないふりをして、へや（ウ）出《で》ようとしている。

（ア）□　（イ）□　（ウ）□

答《こた》えのれいはべっさつ11ページ

もんだい⑨

上《うえ》の絵《え》を見《み》て、それに合《あ》うように文中《ぶんちゅう》の（　）をうめましょう。

ぼくが道《みち》を歩《ある》いていたら、
お母《かあ》さんが（　　　　　　　　　　）。

答《こた》えのれいはべっさつ11ページ

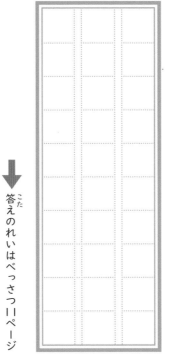

もんだい⑩

絵《え》を見《み》て、ジュン（絵《え》の右《みぎ》がわ）は何《なに》をしているのか、書《か》きましょう。

一字《いちじ》あけて書《か》き出《だ》しましょう。

答《こた》えのれいはべっさつ11ページ

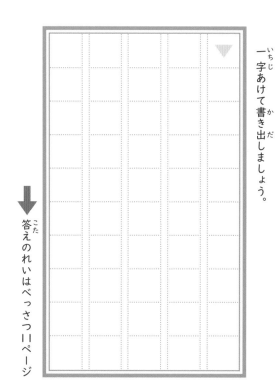

もんだい⑪

この人《ひと》がどんな気《き》もちなのかを絵《え》から読《よ》みとって、せつ明《めい》しましょう。

一字《いちじ》あけて書《か》き出《だ》しましょう。

答《こた》えのれいはべっさつ12ページ

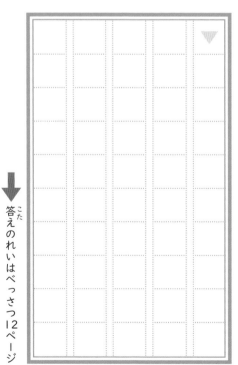

もんだい⑫

ユカは、何《なに》をしているのか、絵《え》を見《み》て書《か》きましょう。

一字《いちじ》あけて書《か》き出《だ》しましょう。

答《こた》えのれいはべっさつ12ページ

もんだい⑬　ジュン（絵《え》の右《みぎ》がわ）は、何《なに》をしているのか、絵《え》を見《み》て書《か》きましょう。

一字《いちじ》あけて書《か》き出《だ》しましょう。

答《こた》えのれいはべっさつ12ページ

もんだい⑭

ゴウは、この場面《ばめん》の後《あと》、どうするのかをそうぞうして書《か》きましょう。

一字《いちじ》あけて書《か》き出《だ》しましょう。

答《こた》えのれいはべっさつ12ページ

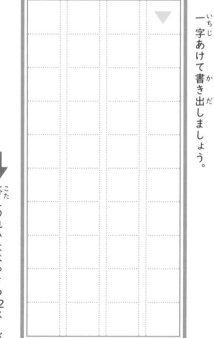

もんだい⑮ ユカは、この場面《ばめん》の後《あと》、どうするのかをそうぞうして書《か》きましょう。

一字《いちじ》あけて書《か》き出《だ》しましょう。

答《こた》えのれいはべっさつ12ページ

もんだい⑯　ゴウは今《いま》、何《なに》をしているのかと、その理由《りゆう》を絵《え》を見《み》て書《か》きましょう。

一字《いちじ》あけて書《か》き出《だ》しましょう。

答《こた》えのれいはべっさつ12ページ

もんだい⑰

ジュンは今《いま》、何《なに》をしているのかと、その理由《りゆう》を絵《え》を見《み》て書《か》きましょう。

一字《いちじ》あけて書《か》き出《だ》しましょう。

答《こた》えのれいはべっさつ12ページ

ステップ2 文章《ぶんしょう》の組《く》み立《た》て方《かた》の二《ふた》つの形《かたち》

ステップ1でれんしゅうした、一《ひと》つだけの文《ぶん》では、なかなか、つたえたいことをぜんぶ書《か》けません。文《ぶん》が二《ふた》つか、それよりたくさんあるとき、文章《ぶんしょう》の組《く》み立《た》て方《かた》には、二《ふた》つの「形《かたち》」があります。

一《ひと》つめは、はじめに、大事《だいじ》なことを書《か》く形《かたち》です。

まえ ずばりと、いちばん大事《だいじ》なことを書《か》きます。

あと 前《まえ》の文《ぶん》に書《か》いたことだけでは足《た》りないことを、くわしく書《か》きます。

〈れい〉

まえ 大《おお》きくなったら、サッカーせん手《しゅ》になるのがぼくのゆめです。

あと ワールドカップに出《で》て、ゴールをきめて、日本《にほん》だいひょうチームをゆうしょうさせたいです。

二《ふた》つめは、大事《だいじ》なことを最後《さいご》に書《か》く形《かたち》です。一《ひと》つめの形《かたち》とは、はんたいの書《か》き方《かた》と考《かんが》えてください。ときには、一《ひと》つめの形《かたち》では、書《か》きにくいことがあ

りますので、この形《かたち》もおぼえておくとべんりです。

まえ　いちばんつたえたいことを書《か》くために、つたえておかなければいけないことを書《か》きます。

あと　いちばん大事《だいじ》なことを書《か》きます。

〈れい〉

まえ　ワールドカップに出《で》て、ゴールをきめて、日本《にほん》だいひょうチームをゆうしょうさせたいです。

あと　このように、大《おお》きくなったら、サッカーせん手《しゅ》になるのがぼくのゆめです。

この形《かたち》で書《か》きたいことがたくさんあるときには、前《まえ》の文《ぶん》をいくつかの文《ぶん》で書《か》きます。

どちらの形《かたち》も
つかえるように
れんしゅうしよう。

もんだい⑱ 身近《みぢか》な人《ひと》をえらんで、その人《ひと》のすきなところと、その理由《りゆう》も書《か》きましょう。

一字《いちじ》あけて書《か》き出《だ》しましょう。

答《こた》えのれいはべっさつ12ページ

ステップ3

長《なが》めの文章《ぶんしょう》にちょうせん！

少《すこ》し長《なが》めの文章《ぶんしょう》を書《か》くときには、じゅんじょを考《かんが》えて書《か》きます。起《お》こったじゅんに、大事《だいじ》なことを書《か》いてください。でも、起《お》こったことを書《か》くだけでは、何《なに》をつたえたいのか、読《よ》んでいる人《ひと》にはわからなくなることがあります。そんなときには、最後《さいご》にまとめとして、そのことからどんなことを考《かんが》えたかなどを、つけくわえるとよいでしょう。

もんだい⑲ つぎの四《よん》コマまんがはどんなお話《はなし》ですか。それをせつ明《めい》してください。最後《さいご》に、あなたの感《かん》じたことを書《か》きましょう。

答《こた》えはつぎのページに書《か》きましょう。

おやつだー！
手《て》をあらってから食《た》べなさ〜い
ハーイ
あれ？！

一字《いちじ》あけて書《か》き出《だ》しましょう。

答《こた》えのれいはべっさつ12ページ

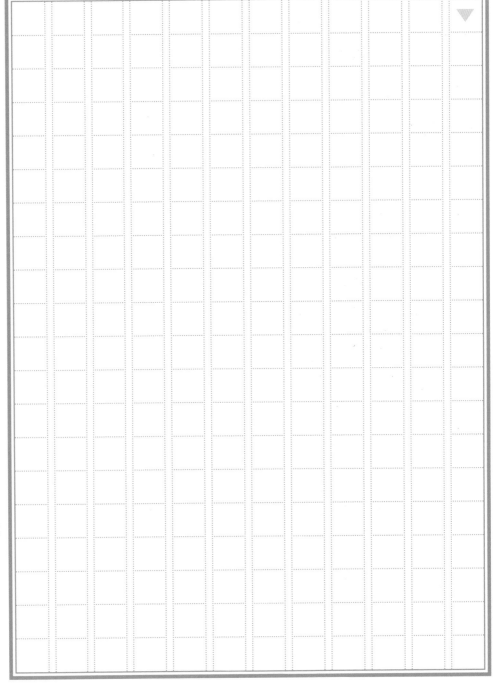

もんだい⑳

ユカはゆうびんきょくに行《い》こうとしています。地図《ちず》を見《み》て、行《い》き方《かた》をユカに教《おし》えてあげましょう。

一字《いちじ》あけて書《か》き出《だ》しましょう。

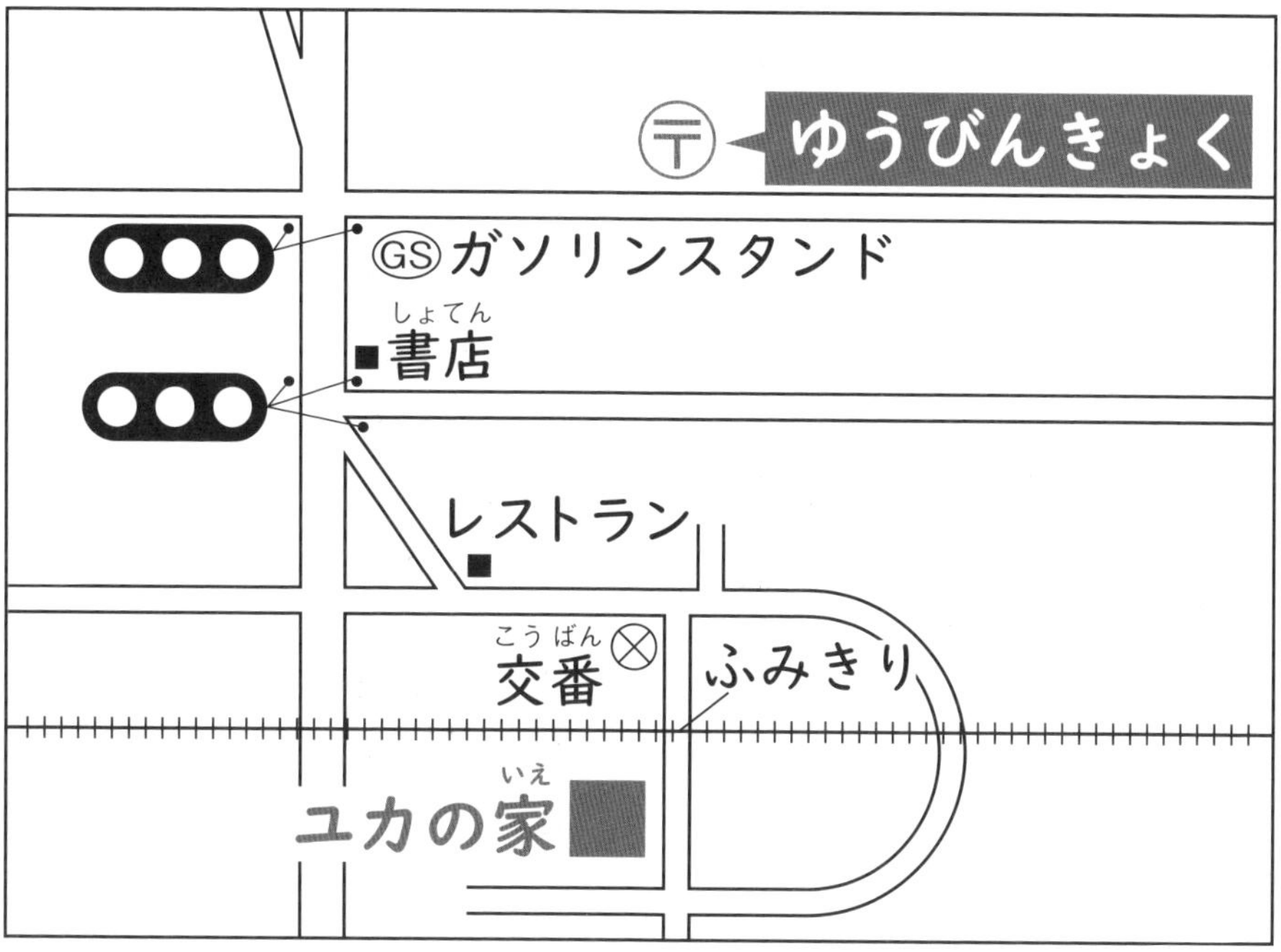

答《こた》えのれいはべっさつ12ページ

もんだい㉑

左《ひだり》の絵《え》は、ゴウとゴウのお父《とう》さんです。絵《え》を見《み》て、ゴウのしたことを
ぜんぶ書《か》いて、最後《さいご》にあなたがどう思《おも》うのかも書《か》きましょう。

一字《いちじ》あけて書《か》き出《だ》しましょう。

答《こた》えのれいはべっさつ13ページ

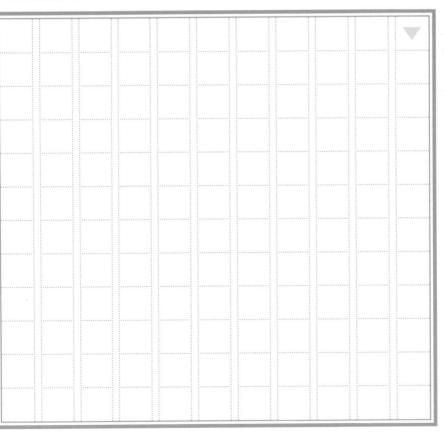

第《だい》3部《ぶ》

書《か》き方《かた》のおうよう編《へん》

もっと長《なが》い作文《さくぶん》の書《か》き方《かた》

もっと長《なが》い作文《さくぶん》を書《か》いてみましょう。
「ホップ・ステップ・ジャンプ・着地《ちゃくち》」という
作文《さくぶん》の形《かたち》をしょうかいします。

1 作文《さくぶん》のきほんはホップ・ステップ・ジャンプ・着地《ちゃくち》

さて、ここまでみじかい作文《さくぶん》を書《か》くれんしゅうをしてきました。

ここからは、もっと長《なが》い作文《さくぶん》の書《か》き方《かた》を勉強《べんきょう》しましょう。そのために、**どのように文《ぶん》を組《く》み立《た》てればよいかの「形《かたち》」**を身《み》につけましょう。

作文《さくぶん》は「起承転結《きしょうてんけつ》」の形《かたち》で書《か》くとよいといわれますが、このむずかしい言葉《ことば》を、みなさんにわかりやすい言葉《ことば》にかえると「ホップ・ステップ・ジャンプ・着地《ちゃくち》」ということになります。つぎの四《よん》コママンガを見《み》てください。

おやつだー！
手《て》をあらってから食《た》べなさ〜い
ハーイ
あれ？!

「起承転結《きしょうてんけつ》」とは，「文章《ぶんしょう》の組《く》み立《た》て」や「物事《ものごと》のじゅんじょ」をあらわします。

1 ホップ

これから何《なに》が起《お》こるのかを、そうぞうさせます。

一《ひと》コマ目《め》では、おやつを前《まえ》にしてよろこんでいますね。

2 ステップ

ホップのつづきです。

二《ふた》コマ目《め》でお母《かあ》さんに言《い》われて、手《て》をあらいに行《い》きます。

3 ジャンプ

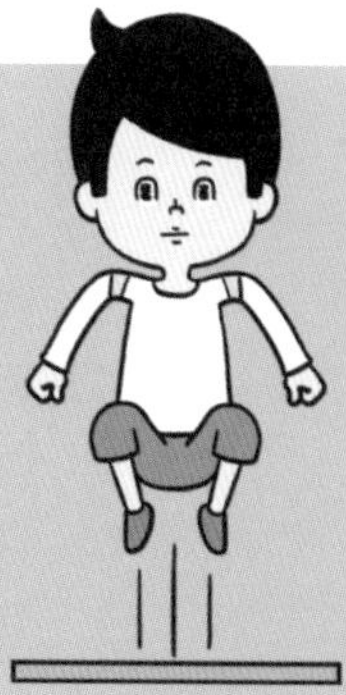

じけんが起《お》きます。作文《さくぶん》をおもしろくするのはここです。

三《さん》コマ目《め》でおやつのパンがなくなっています。

4 着地《ちゃくち》

最後《さいご》に着地《ちゃくち》をきめて、しめくくります。

四《よん》コマ目《め》でパンをくわえた犬《いぬ》をおいかけています。

マンガやアニメ，ドラマもこの形《かたち》になっていることが多《おお》いよ。

ジャンプを書《か》くためのホップ・ステップだったんだね！

もんだい１　つぎの文中《ぶんちゅう》の（　）をうめる文《ぶん》を書《か》いてみましょう。

①

ホップ　れんしゅうをして、自《じ》てん車《しゃ》にのれるようになりました。

ステップ　近《ちか》くの公園《こうえん》へ自《じ》てん車《しゃ》にのりに行《い》きました。

ジャンプ　そしたら、（　　　　）。

着地《ちゃくち》　わたしは自《じ》てん車《しゃ》にのるのがいやになりました。

②

ホップ　お母《かあ》さんはあわてものです。

ステップ　きのう、お母《かあ》さんとスーパーに買《か》いものに行《い》きました。

ジャンプ　ところが、お母《かあ》さんは、（　　　　）。

着地《ちゃくち》　わたしはあきれました。

答《こた》えのれいはべっさつ14ページ

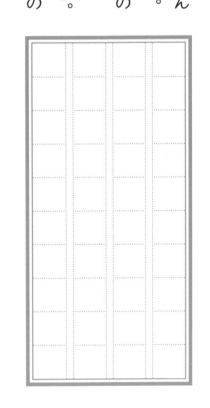

もんだい❷ 長《なが》くてわかりにくい文《ぶん》を、わかりやすく書《か》き直《なお》しましょう。

学校《がっこう》に行《い》くと、山田《やまだ》くんが近《ちか》よってきて、「歩《あゆむ》くんが引《ひ》っこしをするんだって。」と言《い》ったので、ぼくは、すぐに歩《あゆむ》くんに「本当《ほんとう》に引《ひ》っこしするの。」と聞《き》いたら、歩《あゆむ》くんはかなしそうな顔《かお》でうなずいたので、ぼくもかなしくなりました。

一字《いちじ》あけて書《か》き出《だ》しましょう。

答《こた》えのれいはべっさつ14ページ

文《ぶん》をみじかくして，文《ぶん》と文《ぶん》をつなぐ言葉《ことば》をくふうするといいよ。

もんだい❸

「わたし（ぼく）は、タイムマシンにのって、［　　］に行《い》きました。」という書《か》き出《だ》しで、できるだけおもしろい話《はなし》を作《つく》ってみましょう。

［　　］の中《なか》に入《はい》る言葉《ことば》のれい

・きょうりゅう時《じ》だい
・原《げん》し時《じ》だい
・へいあん時《じ》だい
・せん国《ごく》時《じ》だい
・え戸《ど》時《じ》だい
・せんそうのころ
・二十年後《にじゅうねんご》
・三百年後《さんびゃくねんご》

【れい】

ホップ
ぼくはタイムマシンにのって、原《げん》し時《じ》だいに行《い》きました。

ステップ
みんなでマンモスをおいかけて、かりをしていました。

ジャンプ
ぼくは、げんだいからもっていったレーザーじゅうでマンモスをつかまえました。

着地《ちゃくち》
みんなにかんしゃされました。

一字《いちじ》あけて書《か》き出《だ》しましょう。

べっさつに答《こた》えのれいはありません。

書《か》き出《だ》しは、「わたしはタイムマシンにのって、……に行《い》きました。」とずばりと書《か》いたね。

つぎに、できごとを書《か》くといいよ。三《みっ》つ目《め》のだんらくに、何《なに》かおもしろいことを書《か》くと、もり上《あ》がるよ。

最後《さいご》に、話《はなし》をうまくまとめて、おわりにしよう。

とくに正《せい》かいはないから、自《じ》ゆうに書《か》いてね。

2 手紙《てがみ》のきほんの書《か》き方《かた》

手紙《てがみ》を書《か》くときに大切《たいせつ》なのは、だれに、何《なん》のために、何《なに》をつたえるのかをしっかり考《かんが》えることです。そうしたら、ホップ・ステップ・ジャンプ・着地《ちゃくち》の形《かたち》をつかうと、楽《らく》に手紙《てがみ》が書《か》けます。

【手紙《てがみ》のれい】

あおいちゃん、お元気《げんき》ですか。

あおいちゃんがてん校《こう》してから、もう三《さん》か月《げつ》たちますね。

わたしも、二年三組《にねんさんくみ》のみんなも元気《げんき》です。今《いま》、学校《がっこう》では、一《いち》りん車《しゃ》がはやっています。みんなで楽《たの》しんでいます。

夏休《なつやす》みになったら、あそびに行《い》っても

ホップ **はじめのあいさつ**

まず、あい手《て》のようすをたずねます。

ステップ **自分《じぶん》のこと**

できごとや自分《じぶん》のようすを書《か》きます。

いいですか。わたしのお父《とう》さんは「いいよ。」と言《い》っています。いっしょに、一《いち》りん車《しゃ》であそべるといいね。

へんじをまっています。

では、お元気《げんき》で。

六月二十四日《ろくがつにじゅうよっか》
ともみ

ジャンプ　**つたえたいこと**
ここが本文《ほんぶん》です。つたえたいことを、あい手《て》とむかい合《あ》っているような気《き》もちで書《か》きましょう。

着地《ちゃくち》　**おわりのあいさつ**
日《ひ》づけと自分《じぶん》の名前《なまえ》も書《か》きそえます。

もんだい❹ 友《とも》だちに手紙《てがみ》を書《か》きましょう。

手紙《てがみ》は、あなたのもっているびんせんやノートに書《か》きましょう。


なかのよい友《とも》だちを思《おも》いうかべてください。その友《とも》だちがとなりの町《まち》に引《ひ》っこしてしまいました。それから、三《さん》か月《げつ》になります。あなたは、その友《とも》だちがいなくなってから、学校《がっこう》がつまらなくなりました。

では、その友《とも》だちに手紙《てがみ》を書《か》いて、あなたの気《き》もちをつたえてください。

答《こた》えのれいはべっさつ14ページ

3 日《にっ》記《き》のきほんの書《か》き方《かた》

日記《にっき》は、とくべつなことがないと書《か》けないと思《おも》っていませんか？　とくべつなことがなくても、自分《じぶん》のしたこと、見《み》たこと、聞《き》いたこと、感《かん》じたり思《おも》ったりしたことなど、何《なん》でもいいのです。大切《たいせつ》なことは、できるだけ毎日《まいにち》書《か》くことです。書《か》きたいことを見《み》つけたら、ホップ・ステップ・ジャンプ・着地《ちゃくち》の形《かたち》で書《か》いてみましょう。

【日記《にっき》のれい】

九月七日《くがつなのか》（土《ど》）　晴《は》れ

今日《きょう》は、公園《こうえん》に虫《むし》とりにいきました。

ぼくは草《くさ》むらの中《なか》で十分《じっぷん》い上《じょう》バッタをさがして、やっと一《いっ》ぴきつかまえました。

ぼくがバッタを手《て》にもっていると、まだ

ホップ

「今日《きょう》、こんなことがあった。」というように、これから書《か》くことをはっきりさせます。

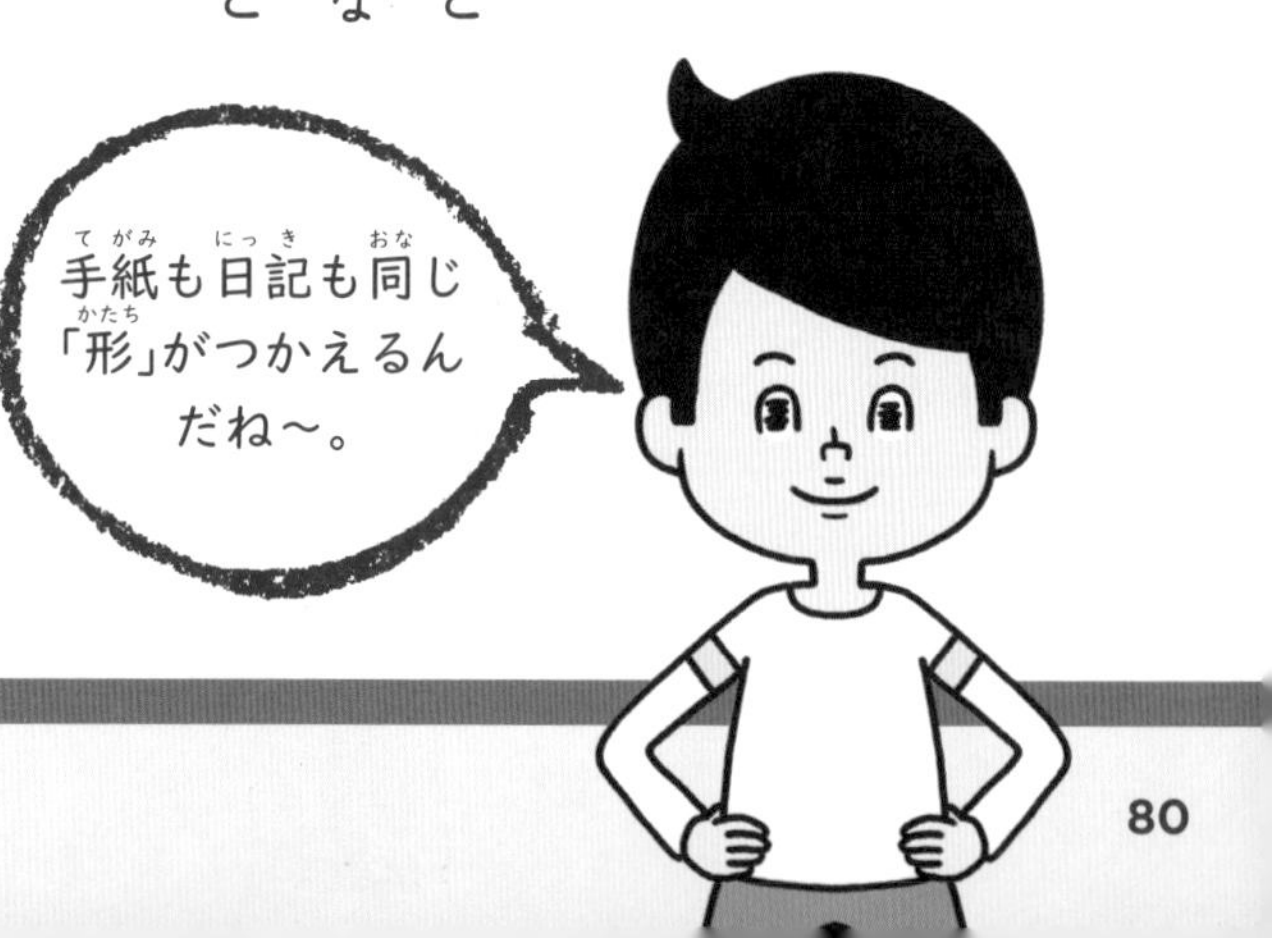

よちよち歩《ある》きの小《ちい》さい男《おとこ》の子《こ》がぼくの手《て》をじーっと見《み》ていました。バッタをさわりたいのかな、と思《おも》ったので、男《おとこ》の子《こ》の手《て》にのせてあげました。すると、男《おとこ》の子《こ》はびっくりしてなき出《だ》して、バッタもにげて行《い》きました。

せっかく、くろうしてバッタをつかまえたのにざんねんでした。でも、バッタは「たすかった」と思《おも》っていたかもしれません。

ステップ
ホップの内《ない》ようをできるだけくわしく書《か》きます。

ジャンプ
いちばんおもしろかったことを、ようすが目《め》にうかぶように、楽《たの》しく書《か》きます。

着地《ちゃくち》
あなたがどう考《かんが》え、なぜ楽《たの》しかったのかを書《か》きます。

もんだい❺ 日記《にっき》を書《か》いてみましょう。

日記《にっき》は、自分《じぶん》のノートに書《か》きましょう。

今日《きょう》のことでなくてもいいですよ。楽《たの》しいこと、おもしろいことがあったら、それを書《か》きましょう。

答《こた》えのれいはべっさつ14ページ

カバーデザイン　TYPEFACE
本文デザイン　TYPEFACE
イラスト　オオノマサフミ
編集協力　白藍塾、佐藤玲子
校正協力　松山安代、株式会社 オルタナプロ、島崎映子
DTP　有限会社　新榮企画

作文力ドリル
作文の基本編 小学低学年用

2020年4月28日　初版第1刷発行
2022年4月28日　第5刷発行

著　者　樋口裕一
発行人・編集人　志村俊幸
編集長　延谷朋実
発行所　株式会社　学研プラス
〒141－8415　東京都品川区西五反田2-11-8
印刷所　株式会社 リーブルテック

この本に関する各種お問い合わせ先
●本の内容については、下記のサイトのお問い合わせフォームよりお願いします。
https://gakken-plus.co.jp/contact/
●在庫については　Tel 03-6431-1199（販売部）
●不良品（落丁、乱丁）については　Tel 0570-000577
学研業務センター　〒354-0045　埼玉県入間郡三芳町上富279-1
●上記以外のお問い合わせは　学研グループ総合案内　Tel 0570- 056-710

別冊

作文力ドリル

作文の基本編　小学低学年用

答えとアドバイス

おうちの方へ

○お子さんの勉強が終わったら、できるだけ早く答え合わせをしてあげてください。

○文章で答える問題は、答えの「例」を示しています。

○第１部（ストーリー編）については、「問題のねらい」と「ヒント＆アドバイス」をよく読んで、お子さんへのご指導にお役立てください。

本体と軽くのりづけされていますので、はずしてお使いください。

第《だい》1部《ぶ》 ストーリー編《へん》

もんだい1

↓10・11ページ

【例《れい》】

▼大《おお》きさ…中《ちゅう》くらい

▼色《いろ》…白《しろ》

▼名前《なまえ》…ハナコ

▼年《ねん》れい…十《じっ》さい

▼かっている人《ひと》の名前《なまえ》
…たなかひろし

▼せいかく…やさしい

▼目立《めだ》つこと…左《ひだり》の耳《みみ》の先《さき》が黒《くろ》い。

こう書《か》こう!

おじいさんの話《はなし》や絵《え》にえがかれていることを、一《ひと》つひとつおさえて答《こた》えよう。

おうちの方へ

★問題のねらい

文章や絵の中から情報を読み取る練習です。

文章には情報があふれています。文章から必要な情報を取り出し、それを整理することは、文章を読み取る基本です。このような練習によって、文章から情報を見つけ出す能力を高めることができます。

文章だけではなく、あらゆるものに情報があふれています。たとえば、誰もが人の表情から情報を読み取って、その人が楽しんでいるか不愉快な気持ちでいるか、自分に対して好意をもっているかそうでないかを考えることがあります。たとえば、大人は生活から情報を取り出して、経済の状況を読み取ります。物事から情報を取り出すというのは、きわめて大事な知的行為です。

そのような能力を高めるための第一歩としての練習を、まずは低学年のお子さんのために、絵を用いて行うことにします。

この問題をヒントにして、絵本やアニメを見ているときにも、そこから情報を得る練習をさせてみるとよいでしょう。そうすることで、何となく読み取っていたことを意識化し、いっそう情報量を増やすことができます。

★ヒント&アドバイス

お子さんがもし答えに窮《きゅう》しているようなら、簡単なヒントを出してください。「このへんに答えがあるんじゃないかなあ」などと言ってみるのもいいでしょう。

また、お子さんは、答えはわかっていても、それをどう答えればよいのかわからないこともあるでしょう。そんなときには、まずは自由に答えさせてください。たとえば、犬の大きさを答える場合、「ふつう」「うちの犬より少し大きい」など様々な答え方があります。そのうえで、ほかの人にもわかるような説明にするように導きます。

もんだい2

↓12・13ページ

【例《れい》】

▼ハナコ、人間《にんげん》のことばが話《はな》せるの。

▼え、すごい。ハナコ、人間《にんげん》のことばが話《はな》せるんだ。

▼今《いま》、人間《にんげん》のことばをしゃべったの。

▼ハナコ、人間《にんげん》と話《はなし》ができるんだね。

こう書《か》こう!

ジュンがハナコに話《はな》しかける前《まえ》のところをよく読《よ》んで、そのお話《はなし》に合《あ》うようにセリフを考《かんが》えよう。

おうちの方へ

★問題のねらい

登場人物の心情を理解し、それを言葉にする問題です。

適切な台詞を考えるためには、前後の状況を理解し、絵の中のジュンの表情を読み取る必要があります。また、登場人物のキャラクターにふさわしい表現を選ぶ必要もあります。簡単そうに見えて、実はかなり高度な知的作業です。いくつもの事柄を論理的に考察し、それらを組みあわせて答えを導き出そうとしているのですから。

★ヒント&アドバイス

この問題の場合、ジュンはハナコが人間の言葉を口にしていることに驚き、ハナコに向かって語っているわけですから、その驚きや疑問を口にしているはずです。もし、お子さんがすぐに答えられない場合には、その点を指摘してヒントにしてください。そして、自分がジュンと同じ立場だったら、どのようなことを言うのかを想像させてください。そのように想像することが心情理解の第一歩です。

また、お子さんがジュンのキャラクターに合わない台詞を考えた場合には、少し表現を修正してください。ジュンは考えがしっかりしていますが、気弱な傾向があります。元気で考える前に行動してしまうゴウとは異なります。9ページにある人物紹介も重要な情報源ですから、一緒に見て、その点を理解させることも大事なことです。

なお、この問題の答えはひとつではありません。意味はほとんど同じでも、表現は様々でしょう。できるだけ様々な答えを許容してください。まずは、ハナコが人間の言葉を話したことに対しての驚きや感動を示していれば、許容できると思います。が、同時に、最も妥当な答えも示してください。そうすることによって、妥当な答えと許容範囲の答えの両方を身につけることができます。

この問題を参考にして、お子さんが読んでいる絵本や漫画の台詞を考えさせてみると、論理的に思考し、心情を理解する力を養うことができます。

もんだい③

↓14・15ページ

【例《れい》】▼たくはいびんのはいたつの人《ひと》におねがいして、けいたい電話《でんわ》をつかって、きゅうきゅう車《しゃ》をよんでもらう。

こう書《か》こう!

絵《え》の中《なか》で、どんな人《ひと》が何《なに》をしているかをよく見《み》て、どうすればおじいさんをたすけられるかを考《かんが》えよう。

おうちの方へ

★問題のねらい

状況を読み取り、解決法を見つけ出す問題です。目的を達成するためにどのような方法をとればよいのかを考えます。これは、単に国語の力だけではなく、日常生活にも大いに役立つ能力を養うことになります。そして、言うまでもなく、国語力は、このような日常生活の知恵のうえに成り立っているのです。物事の前後関係を正確に把握し、状況を理解して、問題解決のためにはどのようなことをするべきかを論理的に思索するのです。

このように物語に参加し、自分ならどうするかを考えることによって、国語力が増し、物語に対する関心も深まります。物語に関心をもたない人は、そこに参加しようとせず、話の外を通り過ぎてしまうだけなのです。

★ヒント&アドバイス

もし、お子さんが答えを見つけ出せずにいるようでしたら、宅配便の配達員に注意を促してください。それでもまだ気づかないときには、携帯電話に注意を促してください。

もし、お子さんが「人に助けてもらう」とだけ答えた場合は、もっと具体的に、どのようなことをしてもらうのかを考えさせてください。中には、「宅配便の車で病院に運んでもらう」という答えを出す場合もあるかもしれません。その場合には、アイデアをほめてあげたうえで、救急車のほうが安全に早く病院に行けることを説明してあげてください。

表現は様々でも、携帯電話を使って救急車を呼んでもらうという内容であれば、その答えは正しいとみなすべきでしょう。

もんだい❹

↓16・17ページ

【例《れい》】▼トイレのしつけができていることをせつ明《めい》して、それをじっさいにハナコにさせる。

▼ボールや新聞紙《しんぶんし》などをハナコにもってくるように言《い》うと、ちゃんともってくることをせつ明《めい》して、じっさいにハナコにやらせる。

こう書《か》こう!

言《い》いつけをきちんとまもれる犬《いぬ》が、どんな犬《いぬ》なのかを考《かんが》えてみよう。それをハナコにじっさいにやらせるようにすればいいんだね。

おうちの方へ

★問題のねらい

何かを主張するときは、適切な裏付けが必要です。それがあってこそ、聞いている人は納得できます。ここでは、上手に主張をし、その根拠を示す練習をします。このことは、論理的に考え、それを納得させるにはどのような裏付けが必要かを考えるのに役立ちます。文章を読み、文章を書くということは、そのような裏付けに説得力があるかどうかを常に考えるということでもあります。

ところで、「言いつけを守れる」と主張する場合、何か具体的な事柄を示す必要があります。そして、それをして見せることがもっとも説得力のある方法でしょう。

★ヒント&アドバイス

もし、お子さんが具体的なことを思いつかないようでしたら、少しアドバイスをするといいでしょう。たとえば、「待て。お座り。伏せ」などがきちんとできることを説明して、それを実際に示せば、それなりの説得力があるでしょう。そのような例を示し、もっとよい例はないかを考えるように促すとよいでしょう。

なお、答えの例に示したもの以外のアイデアを出した場合、ユニークであることをまずはほめてください。その後で、もし説得力がなければ、それを指摘して、妥当な内容に修正するように導いてください。何はともあれ、何らかの具体的な出来事を示して、ハナコが人間の言いつけを守れることを説明していれば、すべて許容してよいでしょう。

ところで、この問題では、ハナコが人間の言葉を話せることを母親には秘密にしています。お子さんが何かを秘密にしたり、他人を思いやるためにちょっとしたうそをついたりすることに目くじらを立てるべきではないと思います。むしろ、つじつまが合うようなうそをつくことは、知的な成長の結果と考えるべきです。すべて、ありのままに語るのは、ある意味で幼児性の表れであり、社会性を身につけていないということでもあります。このような能力を身につけてきたかどうかも、しっかりと見守っていただきたいと思います。

もんだい❺

↓18・19ページ

【例《れい》】▼自分《じぶん》のうんだ子《こ》どもたちに会《あ》いたいと思《おも》っているが、おじいさんのめんどうを見《み》ることのほうが大《だい》じなので、かなしいけれどあきらめている。

こう書《か》こう!

もし自分《じぶん》がハナコだったら、どんなことを思《おも》うのか考《かんが》えてみよう。

おうちの方へ

▼問題のねらい

言うまでもなく、人間はいつも本音をそのまま口にするわけではありません。現実の生活でもそうですし、物語などの中でもそうです。書かれているとおりにしっかり読み取ることも大事ですが、書かれていないことを読み取ることは、それ以上に大事です。言外の意味、書かれていない真実を読み取る力こそが、本当の読解力といえるでしょう。

この問題を解くことによって、人間はいつも思っているとおりのことを口にするわけではないことをわからせてください。それを理解することによって、これからアニメを見るときも、文章を読むときも、表面に表れていない真実を読み取ろうとする第一歩が形作られます。そして、これからアニメを一緒に見るときなど、「この人、本当はどう思っているんだろうね」などと尋ねてみてください。そうすることで、楽しみながら読解力をつけることができます。

▼ヒント&アドバイス

もし、お子さんがハナコの気持ちがわからずにいるときには、状況を説明してあげてください。ハナコの置かれた状況、ハナコの顔の表情に気をつけるように促して、ハナコの気持ちになって考えさせてください。

この問題の場合、表現はどうであれ、ハナコは実際には自分の子どものことが気になっていながら、自分の状況を仕方がないと思っていることに気づいていれば、お子さんの答えは正しいものと考えて結構です。

もんだい6

↓20・21ページ

こう書《か》こう!

おじいさんの話《はなし》のとおりに、地図《ちず》をゆびでたどりながら、山口《やまぐち》さんの家《いえ》をさがしてみようね。

おうちの方へ

★問題のねらい

文章の中から、必要な情報を捉えて整理する問題です。文字情報から地図を読み取る能力を養います。文章で述べられていることを的確に捉えるのが、読解力の基本です。言葉から図を思い浮かべ、それを地図の上で確認します。これは言葉を的確に理解する能力です。

文章の大事な部分を情報として整理し、それを地図と重ね合わせることによって、地図を読み取ることができます。これは、言葉を注意深く聞く訓練にもなり、言葉を情報として処理する能力を高めることにもなります。

この問題を参考にして、お子さんに簡単な地図を見せてどこかに行かせたり、家から学校までの地図を描《か》かせたりすると、言語能力ばかりでなく、地理的な能力を高めることにもなります。

★ヒント&アドバイス

まずは、お子さんが自分で文章を読んで、それを理解し、その後で地図を理解するのが理想ですが、もし地図を理解できないでいるときには、保護者の方が声に出して文章を読んであげると、わかりやすくなります。

もんだい⑦

↓22・23ページ

【例《れい》】▼ハナコは、ゴンタがしあわせではないとかんじて、かわいそうだと思《おも》っている。なぜかというと、ゴンタがきびしくしかられているみたいだから。

こう書《か》こう！

ハナコの気《き》もちになって、ゴンタのようすを見《み》ながら考《かんが》えてみよう。

おうちの方へ

★問題のねらい

登場人物の心情を理解する問題です。登場人物の置かれている状況、登場人物の見た光景、そして、そのときの人物の様子を考え合わせて、心情を理解する必要があります。物語を的確に理解するためにはこのような作業が必要です。多くの子どもがいつの間にか、このような能力を身につけるのですが、そうでないと、いつまでも物語になじむことができず、国語力もつけられないままでいることがあります。

この問題を参考にして、絵本やマンガなどで、ある場面での登場人物の気持ちについて、お子さんに話をさせてみるとよいでしょう。ただし、国語の問題のように一方的に答えさせようとすると嫌がりますので、雑談のつもりで楽しく話をすることが大事です。

★ヒント&アドバイス

まずは絵の表情などから、ゴンタが幸せそうではないことを確認させてください。ちょっとしたことでおこられている状況、しょんぼりしたゴンタの様子、しかっている山口さんの表情、それを見ているハナコの表情から、「ゴンタは幸せではないように見える」という結論が導き出されると思います。もし、お子さんがそれらに気づかないときには、そこに目をつけるようにアドバイスしてください。

表現はどうであれ、ゴンタは幸せそうではないとハナコが思っていることを理解しているようであれば、お子さんの答えを適切なものとしてください。

もんだい⑧

↓26ページ

【例《れい》】①　トレーニング
②　なぐさめる
③　しずかにしていなければ
④　ほえた

こう書《か》こう！

（　）にあてはまる言葉《ことば》は、山口《やまぐち》さんのセリフからさがして書《か》くんだよ。

おうちの方へ

★問題のねらい

人間は別の文化の中で生きている人と話をする場合、そのままの言葉では理解できませんので、相手の言葉を自分の言葉に置き換えて理解します。難しい文章を読むときも、同じような作業を頭の中で行って理解します。この能力があれば、さまざまな文章を理解できるようになります。このような練習は、国語力を高める訓練になります。

また、今回の問題は、要約をする練習にもなります。長い文章を短くまとめる作業です。人間は物事を要約して理解します。要約できないということは、理解できなかったということです。要約する力をつけることで、様々な事柄をしっかりと理解できるようになります。

★ヒント&アドバイス

小学校低学年のお子さんに、いきなり長文の要約をさせるのは難しいものです。そこで、穴埋めという形で、全体の要約をさせます。お子さんが答えにつまったときには、本文中にある山口さんの台詞から、かっこの中に入るふさわしい言葉を見つけさせてください。

なお、これから、アニメや漫画や絵本などを話題にするとき、「お母さんは、その話、よく知らないので、ちょっと教えて?」と言って、ストーリーを尋ねて、自然な形で話の要約をさせてみてください。そして、その場合も、お子さんが答えにつまったときには、穴埋めのような形でお子さんが言葉を見つけられるように、うまく質問しながら導いてください。それを繰り返すうちに、自分一人でも要約ができるようになります。

もんだい9

↓28・29ページ

【例《れい》】①いじめられているように見《み》えた
②ゴンタをいじめないで
③セラピー犬《けん》にするためにトレーニングをしていたのだ
④来週《らいしゅう》、しけんがあるので、おうえんに来《き》てほしい

こう書《か》こう!

ユカになったつもりで、①～④のしつもんに答《こた》えるようにして考《かんが》えてみよう。

おうちの方へ

★問題のねらい

問題❽は、少し長めの文章を要約する問題でしたが、今回は、ストーリーを要約する問題です。ただし、前回は穴埋めという形で、要約をしてもらいましたが、今回は、もう少し難しくして、質問に答えながら、ユカの言葉の続きを書いてもらう形にしています。

お話の要約は、起こったことをかいつまんでつなぎ合わせるつもりでよいのですが、聞いている人にわかるように、なぜそのようなことをしたのかなどもわかるようにまとめる必要があります。

★ヒント&アドバイス

今回の問題では、①行ってみると、ゴンタがしかられているように見えた。②ゴウが飼い主である山口さんに、「犬をいじめないで。」と言った。③山口さんは、「ゴンタをセラピー犬にしようとして訓練していたが、ゴンタがほえてしまったので、しかっていた。」と言った。④山口さんに、「来週、試験なので応援に来てくれるようにたのまれた。」ということをまとめる必要があります。

問題❽と同じように、その点に注意して答えるように促してください。

なお、これから先、アニメや漫画などを見ながら、この問題をヒントにして、答えを促すような質問をして、答えさせるようにするとよいでしょう。

もんだい10

↓30・31ページ

【例《れい》】(○)おちた。
(なぜなら、)ゴンタがほえたり、びっくりして走《はし》っていったりした(から。)

こう書《か》こう!

みんながっかりしているようすから、しけんにはおちてしまったことがわかるね。その理由《りゆう》を、話《はな》している言《こと》葉《ば》から考《かんが》えよう。

おうちの方へ

★問題のねらい

登場人物の台詞や表情から、ストーリーを理解する問題です。

言うまでもなく、物語ではストーリーのすべてを作者が説明するわけではありません。作者がほのめかすだけのこともしばしばあります。それを読み取れてこそ、物語を理解できます。そのようなことを理解できないままですと、読解力が身につかず、物語を読んでもおもしろいと感じず、深く味わうこと

も理解することもできません。この問題は、物語を理解するための第一歩と考えてください。

★ヒント&アドバイス

今回の課題は、それほど難しくないはずです。人物の表情から、すぐに試験に失敗したことがわかるはずです。そして、台詞から、ゴンタがまた驚いてほえてしまったことがわかるはずです。

もし、お子さんが迷っているようでしたら、ポイントになる表情や台詞に注意するように促してください。

もんだい⑪

↓32・33ページ

【例《れい》】（○）さんせい

その理由《りゆう》

▼じっさいのびょう人《にん》といっしょにくらすことで、ゴンタにも、セラピー犬《けん》としてどのような行《こう》どうがだいじかがわかるようになる。

▼人間《にんげん》のことばがわかるハナコがいっしょにいるので、ゴンタも人間《にんげん》の気《き》もちがわかるようになって、ゆうしゅうなセラピー犬《けん》になれる。

（○）はんたい

その理由《りゆう》

▼おじいさんは、ゴンタをきちんと教《おし》えられないので、あまりやくに立《た》たない。それよりも、山口《やまぐち》さんがきちんとくんれんをするほうがいい。

▼いっしょにいる間《あいだ》は、ゴンタもハナコもうれしいと思《おも》うけれど、わかれるときがきたら、そのときにはもっとさびしくなる。

こう書《か》こう！

さんせいの場合《ばあい》とはんたいの場合《ばあい》の、両方《りょうほう》の理由《りゆう》を考《かんが》えてみよう。

おうちの方へ

★問題のねらい

ある問題について、賛成か反対かをしっかりと考えるのは、とても大事なことです。もちろん、感情だけで決めるのではなく、賛成ならば、なぜそれに賛成か、それにはどのようなよいところがあるのかをはっきりと示す必要があります。

しかし、賛成だけ、あるいは反対だけを考えるのでは不十分です。「賛成に決まっている」「反対に決まっている」と考えるのではなく、自分とは逆の立場に立って考えてみてこそ、いっそう深く物事が理解できます。議論をするときも、相手の言い分を理解したうえで自分の考えを言うと、いっそう説得力が増します。

★ヒント&アドバイス

今回の問題も、解答例のほかにゴンタをおじいさんのところに連れていってもあまり役に立たないということも考えられます。そのように、様々な点から考えてみる必要があります。お子さんが賛成・反対のどちらか一方しか考えようとしない場合には、反対側の意見も考えるように促してください。「たとえば、こうなったら、どうなるかなあ？」「本当にそうかなあ？」などと水を向ければ、子どもは自分で考えるようになるはずです。

これを参考にして、日常生活でも、様々なことに賛成か反対か、その理由は何かをお子さんに考えさせてください。そうすることによって、論理的に物事を考え、自分の考えの根拠をしっかりと示し、しかも反対意見を十分に考慮する習慣が身につきます。

もんだい⑫

↓34・35ページ

【例《れい》】▼ハナコが人間《にんげん》の言《い》っていることがわかって、人間《にんげん》をたすけるところがおもしろいと思《おも》いました。うちの犬《いぬ》のライムは、ぼくたちの言《い》っていることがわからなくて、へんなことばかりしているので、ライムもハナコみたいになったらいいなと思《おも》いました。

▼みんなが、セラピー犬《けん》になるためのトレーニングをいじめられていると思《おも》うところがおもしろかった。ゴンタはしけんにおちたけれど、お母《かあ》さんのハナコとくらせるようになってよかった。ハナコに教《おし》えてもらえるので、つぎはきっと合《ごう》かくすると思《おも》う。

こう書《か》こう!

まず、お話《はなし》のどこがおもしろかったのかを考《かんが》えてみよう。そのあとで文章《ぶんしょう》にまとめてみると、いいよ。

おうちの方へ

★問題のねらい

物語を読み終えたら、簡単な感想を記す習慣をつけておくと、物語が印象に残り、自分の考えをまとめることができます。

小学校低学年の場合、「読書感想文」といえるものである必要はありません。百字程度で、この物語を読んで感じたこと、考えたことを書いてみるので十分です。

★ヒント&アドバイス

すぐに書くことができればよいのですが、書けずに困っている場合には、まずは口頭でどんなところがおもしろかったのか、どうしてそう感じたのかを言わせてみるとよいでしょう。そして、「それを書けばいいんだよ」とほめてあげて、実際に書くように促してください。

第《だい》2部《ぶ》 書《か》き方《かた》のきほん 編《へん》

もんだい1

→41ページ

【例《れい》】①自《じ》てん車《しゃ》にのって、野《や》きゅう場《じょう》に行《い》きました。

②ぼくは、電車《でんしゃ》を見《み》るのがすきです。

③学校《がっこう》で、サッカーをしました。

④わたしの家《いえ》には、ペットのカメがいます。

⑤雲《くも》のむこうへ行《い》ったら何《なに》が見《み》えるのでしょうか。

もんだい2

→43ページ

【例《れい》】①ともちゃんが、「いっしょにあそぼう。」と言《い》いました。

②「そんなことしちゃだめよ。」とママにしかられた。

③店《てん》いんさんに、「何《なに》にいたしましょうか。」と聞《き》かれました。

④「どうしたの。」とたずねたら、友《とも》だちは、「何《なん》でもないよ。」と答《こた》えました。

⑤ポスターには、「クリスマスコンサートがひらかれます」と書《か》かれていた。

もんだい3

→45ページ

【例《れい》】①キャンプ場《じょう》で家《か》ぞくでバーベキューをしました。あみでやいたお肉《にく》はとてもおいしかったです。近《ちか》くで虫《むし》とりやキャッチボールができて、楽《たの》しかったです。

②きのう、一人《ひとり》でるすばんをしているとき、へやのドアをあけたら、大《おお》きな何《なに》かが立《た》っていました。おばけかと思《おも》ったけれど、明《あ》かりをつけたらきえたので、かべにうつった自分《じぶん》のかげだとわかりました。すごくあん心《しん》しました。

③まどをあけたら、へやに虫《むし》が入《はい》ってきました。とび回《まわ》るので、とてもこわかったです。でも、ゆかにとまったのを見《み》たら、みどり色《いろ》でピカピカのコガネムシで、かわいいなと思《おも》いました。

もんだい4

→47ページ

【例《れい》】①学校《がっこう》からの帰《かえ》り道《みち》、むこうから犬《いぬ》が走《はし》ってきた。どうしたのかと思《おも》って見《み》ていたら、そのあとを女《おんな》の人《ひと》があわてて走ってきた。だからきっと犬《いぬ》がにげだして、かいぬしがおいかけているのだろうと思《おも》った。

②しんせきの人《ひと》のけっこんしきのとき、おじさんはぼくを見《み》て「大《おお》き

くなったね。」と言《い》ってくれました。でも、ぼくの名前《なまえ》をおぼえていないみたいだったので、ぼくはちょっとかなしくなりました。

もんだい❺

→49ページ

【例《れい》】①みんなで力を合《あ》わせて、つなを引《ひ》いた。
②白《しろ》い犬《いぬ》が、ゆっくりと歩《ある》いている。
③そこにいるのは、山田《やまだ》さんだ。
④むかし、学校《がっこう》のかいだんにゆうれいが出《で》たそうです。
⑤サンタクロースが、プレゼントをもって、やってきました。

もんだい❻

→51ページ

【例《れい》】①学校《がっこう》に行《い》くと中《ちゅう》で、さんちゃんに会《あ》いました。さんちゃんは大《おお》きなにもつをもっていました。何《なん》だろうと思《おも》いながら、ついていきました。／教室《きょうしつ》に入《はい》って、さんちゃんはにもつをあけました。すると、そこからサッカーのボールが出《で》てきました。
②おばけのリリーは、人《ひと》をおどかすのが大《だい》すきです。その日《ひ》も、人《ひと》をおどかそうと思《おも》って、一《ひと》つ目《め》で口《くち》のさけたこわい顔《かお》にして、まがり角《かど》で人《ひと》がやってくるのをまっていました。／しばらくして、遠《とお》くから小《ちい》さな女《おんな》の子《こ》が歩《ある》いてきました。手《て》にさいふをもっています。おつかいに行《い》くのでしょう。

もんだい❼

→53ページ

①は　②を　③は　④に（へ）　⑤を

もんだい❽

→54ページ

①（ア）で　（イ）に（へ）
②（ア）を　（イ）のに（けれど）
（ウ）を

おうちの方へ

★ヒント&アドバイス

②の（イ）は、答えの例のほかに、「が」「にもかかわらず」など、逆接の接続詞ならば正解となります。

前半の事柄から予想されることとは、逆のことが後半に書かれている場合、どんな言葉で文をつなぐとよいか、お子さんと一緒に考えてみてください。接続詞という言葉は、低学年では習いません。あくまで、どんな言葉でつなぐのがよいかを考えさせます。「わってしまったから、知らないふりをした」ではだめだね、などと、不正解の例をあげてみるのもよいでしょう。

もんだい❾

→55ページ

【例《れい》】おもそうな買《か》いものぶくろをりょう手《て》に下《さ》げて、歩《ある》いていました。

もんだい❿

→56ページ

【例《れい》】▼ジュンは、きらいなにんじんをそっと、となりの人《ひと》のおべん当《とう》に入《い》れようとしている。

もんだい⑪ → 57ページ

【例《れい》】▼本当《ほんとう》はおこっているのに、それをかくそうとして、むりにわらい顔《がお》を作《つく》っている。

もんだい⑫ → 58ページ

【例《れい》】▼人《ひと》ごみの中《なか》でまいごになってしまい、いっしょに来《き》た人《ひと》をさがしている。

もんだい⑬ → 59ページ

【例《れい》】▼ロボットのおもちゃのとり合《あ》いをして、友《とも》だちとけんかをしている。

もんだい⑭ → 60ページ

【例《れい》】▼近《ちか》くの家《いえ》にどろぼうが入《はい》ろうとしているのを見《み》つけて、大人《おとな》に知《し》らせようとする。

もんだい⑮ → 61ページ

【例《れい》】▼お年《とし》よりがバスにのってきたので、立《た》ってせきをゆずろうとする。

もんだい⑯ → 62ページ

【例《れい》】▼百点《ひゃくてん》のテストを見《み》せたかったのにお母《かあ》さんがいなかったのでがっかりしている。

もんだい⑰ → 63ページ

【例《れい》】▼ほしかったゲームを買《か》ってもらって、よろこんでいる。

もんだい⑱ → 66ページ

【例《れい》】▼ぼくは、お父《とう》さんの声《こえ》が大《おお》きいところが、すきです。お父《とう》さんはしごとから帰《かえ》ってくると、「ただいま。」と大《おお》きな声《こえ》で言《い》います。ぼくが自分《じぶん》のへやにいても、よく聞《き》こえます。ぼくは、それを聞《き》いて、とてもうれしい気《き》もちになります。

もんだい⑲ → 67・68ページ

【例《れい》】▼男《おとこ》の子《こ》がおやつにパンを食《た》べようとしています。手《て》をあらってから食《た》べるように言《い》われて、男《おとこ》の子《こ》は手《て》をあらいに行《い》きました。もどってきたら、パンがなくなっていました。犬《いぬ》にとられてしまったので、男《おとこ》の子《こ》は、犬《いぬ》をおいかけました。男《おとこ》の子《こ》は、まさか犬《いぬ》にとられると思《おも》わなかったので、ゆだんしたのだと思《おも》います。

もんだい⑳ → 69ページ

【例《れい》】▼家《いえ》の近《ちか》くにあるふみきりの先《さき》の交番《こうばん》の角《かど》を左《ひだり》にまがります。右《みぎ》がわにあるレストランの角《かど》を右《みぎ》にまがると大通《おおどお》りに出《で》ます。しんごうを書店《しょてん》のある方《ほう》にわたって、書店《しょてん》の前《まえ》をすすみ、ガソリンスタンドの角《かど》を右《みぎ》にまがると、左《ひだり》がわにゆうびんきょくがあります。

もんだい㉑

70ページ

【例《れい》】▼ゴウは、おやつにかきを食《た》べました。夜《よる》、お父《とう》さんがビールをのみはじめました。ゴウは、いたずらしようとして、おつまみの「かきのたね」に本《ほん》もののかきのたねをまぜました。わたしは、ゴウのいたずらを、とてもおもしろいと思《おも》いました。

第《だい》3部《ぶ》 書《か》き方《かた》のおうよう編《へん》

もんだい❶ → 74ページ

【例《れい》】①タイヤが石《いし》にぶつかって、ころんでしまって、けがをしました。

②さいふを家《いえ》におきわすれてしまいました。

もんだい❷ → 75ページ

【例《れい》】学校《がっこう》に行《い》くと、山田《やまだ》くんが近《ちか》よってきて、

「歩《あゆむ》くんが引《ひ》っこしをするんだって。」

と言《い》いました。ぼくは、すぐに歩《あゆむ》くんに

「本当に引《ひ》っこしするの。」

と聞《き》きました。そうしたら、歩《あゆむ》くんはかなしそうな顔《かお》でうなずいたので、ぼくもかなしくなりました。

もんだい❹ → 79ページ

【例《れい》】たかしくん、お元気《げんき》ですか。

たかしくんがてん校《こう》してから、もう三《さん》か月《げつ》になりますね。

たかしくんがいなくなったので、いっしょに自《じ》てん車《しゃ》にのる友《とも》だちがいなくなって、とてもさびしいです。

今《こん》どの夏休《なつやす》みに、こっちにあそびに来《き》ませんか。いっしょに自《じ》てん車《しゃ》にのりたいなと思《おも》っています。

へんじをまっています。

では、お元気《げんき》で。

六月《ろくがつ》二《に》十《じゅう》四日《よっか》

まさる

もんだい❺ → 81ページ

【例《れい》】十月七日《じゅうがつなのか》（日《にち》） 晴《は》れ

今日《きょう》は、わたしたちの学校《がっこう》のうんどう会《かい》がありました。

わたしは、白組《しろぐみ》でした。玉入《たまい》れで、わたしはたくさん玉《たま》をなげました。五《いつ》つくらい入《はい》りました。

でも、さいごに数《かぞ》えたら、白組《しろぐみ》のまけでした。先生《せんせい》が大声《おおごえ》で「赤《あか》のかち！」と、言《い》いました。

来年《らいねん》は、もっとれんしゅうして、ぜったいにかちたいと思《おも》いました。